AF274565

Promoción y comercialización de productos y servicios turísticos locales
UF0084

Asunción Fernández-Villarán Ara

© 2024 Ediciones Paraninfo, S. A.
© 2024 Asunción Fernández-Villarán Ara

Diseño y maquetación: Ediciones Nobel, S. A.

ISBN: 978-84-283-6363-1
Depósito legal: M-8178-2024
Impresión: Liberdigital (Casarrubuelos, Madrid)

Impreso en España

Autora

Asunción Fernández-Villarán Ara es doctora en Ciencias Económicas y Empresariales por la Universidad de Deusto. Ha realizado el máster en Gestión Avanzada por la Universidad de Deusto y el máster en Turismo y Marketing por la UNED. Además, está acreditada por la Agencia Nacional de Evaluación y Acreditación ANECA y por la Agencia Vasca de Calidad Unibasq.

Es profesora titular de la Universidad de Deusto, actividad que comenzó en 1993. Imparte las asignaturas de grado de *Fundamentos de marketing, Dirección de marketing turístico* y *Marketing digital turístico*. Además, colabora en diversos cursos de formación continua, postgrado y doctorado. Sus áreas de especialización y conocimiento se centran en la gestión y organización de empresas y destinos turísticos, distribución turística, marketing turístico y turismo para todos.

Actualmente, es coordinadora del Grado en Turismo de la Facultad de Ciencias Sociales y Humanas de la Universidad de Deusto. Participa de manera habitual en congresos y reuniones científicas relacionadas con sus áreas de interés, tanto en calidad de ponente, como de conferenciante y comunicante. Ha participado en distintos proyectos de investigación con financiación externa, pública y privada, y formado parte de diversos comités científicos y jurados profesionales.

Índice

Introducción normativa

La Ley Orgánica 3/2022, de 31 de marzo, de ordenación e integración de la Formación Profesional, contiene una disposición derogatoria única que afecta a la regulación de los certificados de profesionalidad, ahora denominados **Certificados Profesionales.** La referida normativa deroga la Ley Orgánica 5/2002, de 19 de junio, de las Cualificaciones y de la Formación Profesional, y abre un escenario de cambios que se irán implementando progresivamente.

La Ley Orgánica 3/2022, de 31 de marzo, de ordenación e integración de la Formación Profesional implica que toda la formación es acumulable. La oferta formativa se estructura de forma escalonada, siendo los Certificados Profesionales un nivel intermedio (Grado C) de una escala que va desde el Grado A hasta el E.

En los artículos 35 a 38 de la Ley 3/2022 se describe en qué consisten estos Certificados Profesionales: su oferta, formación asociada, estructura, duración, acceso, titulación y validez. Posteriormente, esta normativa se completa con lo dispuesto en el Real Decreto 659/2023, de 18 de julio, que desarrolla la ordenación del sistema de Formación Profesional. Concretamente en los artículos 67 a 81 es donde se hace referencia a la oferta formativa de Grado C, correspondiente a los Certificados Profesionales.

Están agrupados en 26 familias profesionales con características comunes del sector. En la actualidad hay más de medio millar de Certificados Profesionales incluidos en el Repertorio Nacional. Esta cifra no deja de crecer. Además, cada certificado está específicamente regulado por un real decreto.

Un Certificado Profesional corresponde al Grado C de la oferta del Sistema de Formación Profesional. Es un documento oficial, con validez en todo el territorio nacional y debe constar en el Catálogo Nacional de Ofertas de Formación Profesional, que certifica la capacitación para el desarrollo de una actividad profesional.

Debe detallar los módulos profesionales superados y los estándares de competencia profesional asociados a él e incluidos en el **Catálogo Nacional de Estándares de Competencias Profesionales**, así como su correspondencia con el Marco Español de Cualificaciones.

Despliegan su validez en un doble ámbito, laboral y académico:

- En el contexto laboral tienen validez profesional, porque acreditan las competencias en una determinada profesión. Para poder trabajar en algunas profesiones, se exigen determinadas cualificaciones, y los certificados sirven para acreditarlas.

- Asimismo, tienen validez académica, puesto que permiten continuar un itinerario formativo siempre que se cumplan los requisitos de acceso para cursar la titulación deseada. De tal modo que, los Certificados Profesionales que sean parte de un Grado D permitirán la matrícula modular para completar los módulos establecidos en el currículo y obtener el correspondiente título de técnico básico, técnico o técnico superior con validez en todo el territorio nacional.

Para obtener un Certificado Profesional (Grado C) es preciso cumplir con los requisitos de acceso para realizar la formación.

Estructura de los Certificados Profesionales

I. Identificación: denominación, familia y área profesional a la que pertenecen; nivel de cualificación profesional (1, 2 o 3); cualificación profesional de referencia; entorno profesional y módulos formativos que esté previsto cursar junto con la duración de cada uno de ellos.

II. Perfil profesional: incluye las competencias profesionales requeridas en el mercado laboral. En todas ellas se concretan las realizaciones profesionales y los criterios de realización.

III. Formación: describe los módulos formativos que esté previsto cursar para adquirir las competencias requeridas. En cada uno de ellos se indican las capacidades que se pretende alcanzar y la duración del módulo de prácticas no laborales —PNL—, para el que cabe solicitar exención si se cumplen determinados requisitos.

IV. Prescripciones de las personas formadoras.

V. Requisitos mínimos de espacios, instalaciones y equipamiento.

Los Certificados Profesionales se identifican con una denominación concreta y un código alfanumérico propio, y sirven para acreditar una determinada cualificación profesional. Cada certificado está asociado a una relación de unidades de competencia que, a su vez, se vinculan con una serie de módulos formativos específicos. Algunos módulos están integrados por unidades formativas y tanto unos como otras son, en ocasiones, transversales, lo que significa que se trata de contenidos incluidos en más de un Certificado Profesional.

Los Certificados Profesionales se articulan en tres niveles de competencia profesional (1, 2 y 3) conforme a lo dispuesto en el que será el Catálogo Nacional de Estándares de Competencias Profesionales, anteriormente Catálogo Nacional de Cualificaciones Profesionales (CNCP), según los criterios establecidos de conocimientos, iniciativa, autonomía y complejidad de las tareas, en cada una de las ofertas de Formación Profesional.

La oferta formativa dirigida a la obtención de los Certificados Profesionales tiene carácter modular para favorecer la acreditación parcial acumulable de la formación recibida y posibilitar así el avance en el itinerario de Formación Profesional para cualquiera que sea la situación laboral de cada persona en cada momento.

En definitiva, el Grado C constituye la oferta, parcial y acumulable, del sistema de Formación Profesional, de varios módulos profesionales del catálogo modular de Formación Profesional por razón de su significado en el mercado laboral y conducente a la obtención de un Certificado Profesional.

Las ofertas de Grado C de Formación Profesional tendrán por objeto módulos profesionales incluidos previamente en el catálogo modular de formación profesional y asociados al Catálogo Nacional de Estándares de Competencias Profesionales.

Finalidad de los Certificados Profesionales

- Contribuir a la ordenación de un Sistema de Formación Profesional al servicio de un régimen de formación y acompañamiento profesionales que sea capaz de responder con flexibilidad a los intereses, expectativas y aspiraciones de cualificación profesional de las personas a lo largo de su vida.

- Combinar escuela y empresa situando a la persona en el centro del sistema.

- Facilitar el aprendizaje permanente de toda la ciudadanía mediante una formación abierta, flexible y accesible, estructurada de forma modular, a través de la oferta formativa asociada al certificado.

- Acreditar las cualificaciones profesionales o las unidades de competencia recogidas en estas, independientemente de su vía de adquisición, bien sea través de la vía formativa, o mediante la experiencia laboral o vías no formales de formación.

- Favorecer, tanto a nivel nacional como europeo, la transparencia del mercado de trabajo.

- Contribuir a la calidad de la oferta de Formación Profesional.

Este libro

El presente libro desarrolla la Unidad Formativa denominada *Promoción y comercialización de productos y servicios turísticos locales,* UF0084.

Dicha unidad formativa está asociada a la Unidad de Competencia UC1073_3, forma parte del Módulo Formativo MF1075_3 *Productos y servicios turísticos locales,* perteneciente a la Cualificación Profesional de referencia HOT336_3, de nivel 3, incluida en el Certificado de Profesionalidad denominado *Promoción turística e información al visitante,* dentro de la familia Hostelería y Turismo.

Según el Real Decreto 1376/2008, de 1 de agosto, modificado por el RD 619/2013, de 2 de agosto, los contenidos que en esta obra se recogen se corresponden con una duración de 90 horas.

Tanto la estructura como el desarrollo del libro se ajustan al citado Real Decreto y más concretamente a los contenidos de la Unidad Formativa que le da título *Promoción y comercialización de productos y servicios turísticos locales,* UF0084.

Contenidos

1. **Marketing turístico.**
   - Justificación de la necesidad del marketing en el marco del sector de hostelería y turismo.
   - Marketing operacional y marketing mix en el sector de hostelería y turismo.
     - Definición de marketing operacional y caracterización de las variables en que se basa: producto/servicio, precio, comercialización, distribución y comunicación.
     - Peculiaridades de dichas variables en el diseño y comercialización de productos turísticos locales.
   - Marketing vivencial, sensorial o experiencial.
     - Definición de marketing vivencial y caracterización del cuarto componente: la experiencia del viaje, la vivencia y la relación con el destino.
   - El proceso de segmentación de mercados y definición de público objetivo.

- Instrumentos de comunicación según tipo de producto turístico local: identidad corporativa, marca, publicidad, publicaciones, relaciones públicas, ferias turísticas, encuentros profesionales entre la oferta de productos turísticos y organizadores de viajes y/o medios de comunicación especializados, eventos dirigidos al consumidor final.
- Planificación, control de acciones de comunicación y organización de eventos promocionales.
- Plan de marketing. Viabilidad y plan de ejecución.
- Normativa reguladora de la comercialización de productos y marcas.

2. **Proyectos de comercialización de productos y servicios turísticos locales.**
   - Estrategias y canales de distribución.
   - Ámbitos geográficos, públicos objetivos y acciones de comunicación adecuadas a diferentes productos y servicios.
   - Instrumentos de comunicación para la canalización de acciones y estimación del grado de consecución de los objetivos previstos con la utilización de cada uno de tales instrumentos.
   - Estimación de los costes, alcance y posibles resultados de las acciones definidas.
   - Instrumentos y variables que permitan evaluar el grado de eficacia de las acciones comerciales programadas, en función del público objetivo receptor y del coste previsto.

3. **El sistema de servucción en el sector de hostelería y turismo.**
   - Elementos para una teoría de la servucción. Justificación e importancia de su uso.
   - Peculiaridades de la aplicación del sistema de servucción para la creación y desarrollo de productos turísticos locales.

4. **Utilización de las tecnologías de la información para la promoción del destino y para la creación y promoción de productos turísticos del entorno local.**
   - Webs y portales turísticos. Tipologías y funcionalidades.
   - Alojamiento y posicionamiento de las páginas en la Red. Buscadores.
   - Marketing y comercio electrónico en el ámbito turístico.

■ **Nota del Editor**

En Ediciones Paraninfo estamos comprometidos con la calidad de la formación e intentamos que nuestros materiales respondan fielmente y con rigor a las necesidades de todos cuantos confían en nuestro sello editorial.

Tratamos de dar respuesta a los currículos de las unidades formativas y de los módulos que integran los distintos Certificados Profesionales, equilibrando la parte teórica con la práctica para que los procesos de aprendizaje se conviertan en experiencias gratificantes, tanto para docentes como para las personas inmersas en los procesos formativos.

Nuestros objetivos son contribuir de forma decisiva a afianzar aprendizajes, ayudar a adquirir destrezas que tengan significado para el empleo y conseguir potenciar el desarrollo personal.

Para lograrlo contamos con excelentes autores, expertos en las materias que abordan, en la mayoría de los casos docentes de dichas especialidades con dilatada experiencia tanto profesional como académica, porque buscamos perfiles familiarizados con los contextos laborales concretos a los que se refieren nuestros manuales.

Confiamos en poder serte de ayuda y esperamos tus impresiones acerca de nuestro trabajo. Sean positivas o negativas, serán muy bien recibidas y, sin duda, nos ayudarán a seguir mejorando y trabajando con ilusión para continuar siendo un referente en formación para el empleo.

Agradecemos tu confianza en nuestros manuales. Todo nuestro equipo queda a tu total disposición. Puedes contactar con nosotros en esta dirección de correo electrónico:

info@paraninfo.es

1. Marketing turístico

Contenidos

1.1. Justificación de la necesidad del marketing en el marco del sector de hostelería y turismo

Todos hemos oído hablar en alguna ocasión de marketing. Sin embargo, es una de las disciplinas más desconocidas del mundo de la empresa.

Por ello, antes de comenzar este curso, vamos a realizar la siguiente tarea para situar a los estudiantes:

ACTIVIDAD DE APLICACIÓN

Señala qué es para ti el marketing. Para ello, escribe las palabras que te vienen a la mente cuando piensas en esta disciplina aplicada al sector turístico.

Seguramente, vuestras respuestas habrán sido muy variadas. Algunos lo habréis asociado a vender; otros, la mayoría, lo habréis identificado con publicidad. En ocasiones, se identifica con atender a los clientes, con segmentar o diferenciar nuestros productos.

En realidad, todas las respuestas se refieren a actividades que se pueden desarrollar en marketing. Se trata de instrumentos o funciones de esta disciplina, tales como técnicas de ventas o publicidad.

Sin embargo, el marketing turístico es mucho más que estas funciones o herramientas. De todas las definiciones que podemos encontrar en la literatura, nos centramos en la aportada por Kotler (2012), reconocido en todo el mundo como el mayor experto en el marketing moderno.

Marketing turístico
Identificar las necesidades y orientar los deseos de los consumidores para encontrar soluciones que satisfagan a los clientes y produzcan beneficios a la empresa o al destino.

Los mercados están cambiando y el turismo está sufriendo una revolución: una mayor facilidad de compra y un aumento de la información gracias a Internet, un desplazamiento al destino más barato y flexible gracias a las compañías de bajo coste, y una mejor atención y servicio gracias al marketing relacional, que a su vez afectará a todo el proceso turístico al poner el foco en el cliente y no en el producto o en el precio o en la comercialización. En definitiva, el turismo cambia y las empresas y organizaciones turísticas deben adaptarse a estos cambios.

Inicialmente, el pensamiento del marketing se centró en los productos de gran consumo. Hasta hace poco tiempo, el marketing no estaba presente en las empresas de servicios. Estas, y más especialmente las empresas turísticas, han ido por detrás de las empresas del sector industrial en el uso de la planificación estratégica de marketing. Las propias características de la industria turística han contribuido a favorecer el retraso en la aplicación de los principios del marketing:

- Los servicios turísticos tienen unas características y peculiaridades propias que condicionan la aplicación del marketing.

- Durante años la demanda superaba la oferta, por lo que muchas empresas no han visto la necesidad de aplicar el marketing.

- El concepto de turismo ha evolucionado tanto que, en la actualidad, viajar y disfrutar se ha convertido en una necesidad muy compleja para las sociedades modernas.

- El comportamiento del turista ha evolucionado pasando de una demanda indiferenciada y homogénea formada por turistas poco acostumbrados a viajar, a una nueva demanda de turistas más dinámicos, informados, flexibles, participativos y conectados.

Las empresas turísticas tienen que entender el mercado en el que operan, investigando a sus clientes, conociendo el producto que comercializan o planificando sus acciones futuras. Tienen que dar respuesta a diferentes preguntas: ¿Qué tendencias del entorno nos están afectando? ¿A qué segmento nos dirigimos? ¿Por qué nos visitan? ¿Qué les motiva? ¿Cómo es su comportamiento de compra en las distintas fases del viaje? ¿Se adaptan nuestros productos o servicios a las nuevas demandas del mercado? ¿Qué se puede mejorar? ¿Tenemos un producto o servicio de calidad? ¿Cómo nos afectan las redes sociales? ¿Vendemos directamente o utilizamos intermediarios? ¿Cómo fijamos los precios?

En definitiva, el marketing en turismo es tan importante como en otros sectores. Por ello, es necesario conocer las herramientas de marketing para alcanzar los objetivos de la empresa.

1.1.1. Características de los servicios turísticos

Los servicios turísticos poseen unas características diferenciales y comunes que constituyen el principal motivo que justifica un marketing especial para ellos.

Intangibilidad

La mayor parte de los productos y servicios turísticos tienen un importante componente de intangibilidad. No obstante, no son totalmente intangibles, ya que necesitan de bienes, equipamientos e infraestructuras (no hay nada más tangible que la distancia de asientos de un avión o la comida de un restaurante).

Las consecuencias de esta intangibilidad son:

- Genera inseguridad, ya que el consumidor no conoce lo que compra o lo que obtendrá cuando consuma el servicio que ha adquirido. Cuando un cliente compra un billete aéreo espera que su viaje sea cómodo, seguro, sin incidencias y a tiempo; algo que solo podrá comprobar cuando suceda.

- No pueden ser probados antes de ser consumidos, por tanto, la calidad de los servicios es difícil de evaluar *a priori*. Por esta razón, el precio adquiere importancia, ya que suele ser el elemento que se utiliza, en muchas ocasiones, para tomar decisiones.

- El servicio no puede ser devuelto si no estamos satisfechos con él. La única posibilidad con la que cuentan los consumidores es plantear reclamaciones o quejas sobre su prestación.

Los turistas, cuando viajan o van a viajar, tratan de reducir la intangibilidad de los servicios. Veamos, a continuación, qué opciones tienen:

- Para reducir la inseguridad y aumentar la confianza, buscan información sobre el servicio que se va a adquirir. Las principales fuentes de información que utilizan los consumidores turísticos son las experiencias de amigos y conocidos, las agencias de viajes y, cada vez más, las recomendaciones y opiniones a través de los medios sociales.

- Eliminar intermediarios. En el caso de los servicios turísticos, y gracias a las posibilidades que ofrece internet, muchos consumidores prefieren confeccionarse ellos mismos su propio viaje. Aunque, como veremos, en la mayoría de los casos lo que se produce es un cambio de una agencia de viajes presencial por una agencias de viajes virtual.

- Buscar signos de evidencia de la calidad del servicio. Por ello, la tarea de los responsables de marketing de las empresas consiste en «tangibilizar» lo intangible, esto es, permitir a los clientes «tocar» el servicio.

  En este sentido, la imagen de marca de la empresa turística adquiere una importancia fundamental, utilizando imágenes que permitan al cliente visualizar el servicio, para reconocerlo y diferenciarlo.

  Los viajes de familiarización se utilizan para tangibilizar los destinos turísticos. Los hoteles también utilizan la estrategia de tangibilización para mostrar la calidad de la limpieza de las habitaciones y baños. Por ejemplo, precintan los vasos, o ponen una tira de papel alrededor del inodoro que dice 'desinfectado'.

Heterogeneidad

Los servicios turísticos son heterogéneos tanto por parte de la oferta como de la demanda. Esto hace que la heterogeneidad de los servicios turísticos afecte a dos tipos de características:

- A la calidad del producto o servicio turístico prestado: son muchas las partes que intervienen (hoteles, transporte, guías, informadores turísticos, taxistas, comercios, etc.), por lo que se vuelve muy difícil controlar que todas ellas estén al mismo nivel de calidad.

- A la subjetividad y variabilidad: los servicios son prestados por personas y es casi imposible obtener dos servicios iguales. Este hecho se puede comprobar analizando las opiniones que sobre un mismo hotel aparecen en los medios sociales, siendo positivas o negativas en función de las expectativas de quien las vierte. Así, por ejemplo, encontramos clientes que consideran que el desayuno es abundante y rico, mientras que otros apuntan que no es digno de la categoría del hotel.

Para lograr la homogeneidad de los servicios turísticos, las empresas aplican diferentes tipos de acciones:

- Para reducir los efectos de la heterogeneidad sobre el nivel de calidad de los servicios turísticos, aplican sistemas de control de la calidad, definiendo estándares y procedimientos encaminados a lograr una mayor uniformidad en la prestación del servicio.

- Para reducir los efectos de la subjetividad y variabilidad, homogeneízan el tipo de cliente al que dirigir sus servicios, exigiendo, por ejemplo, una determinada vestimenta para acudir al restaurante.

Caducidad

Los productos o servicios turísticos no son susceptibles de almacenamiento y deben ser consumidos para el momento en que se han programado. Una plaza de avión que no se ocupa en un vuelo concreto se pierde para siempre, no se puede recuperar.

Consumo y prestación simultáneos

En gran parte de la cadena de valor, el consumo y la prestación del servicio son simultáneos, y el cliente es una parte activa de la prestación, de forma que, en ocasiones, si no hay usuario, no hay servicio.

Figura 1.1. El servicio de restauración se produce y su consumo es inmediato.

Estacionalidad de la demanda

Una característica destacada del turismo es su elevada estacionalidad, que tiende a concentrarse en el tiempo y en algunos lugares. Generalmente, se aceptan dos orígenes básicos de la estacionalidad turística (Butler, 1994; Witt, 1991):

- Causas naturales: se refieren fundamentalmente al clima y las estaciones naturales.

- Causas institucionales: se refieren a razones sociales, culturales, étnicas, etc. Por ejemplo, los períodos establecidos de vacaciones, tanto escolares como laborales.

Existen, además, otras causas de la estacionalidad, como pueden ser las modas y las tradiciones.

Esta característica de la actividad turística tiene una serie de consecuencias negativas, ya que genera situaciones de inestabilidad laboral porque las necesidades de los trabajadores fluctúan con la demanda y, por otro lado, dificulta las decisiones empresariales en cuanto a dimensión, capacidad o programación de servicios y productos.

Para reducir la estacionalidad, los destinos y las empresas están llevando a cabo estrategias de diversificación de sus productos y servicios, optando por dirigir sus esfuerzos de marketing a nuevos segmentos de mercado. No debemos olvidar, en este punto, la importancia del segmento de la tercera edad.

Ejemplo

Los nuevos programas de desestacionalización deben basarse en la captación de un nuevo segmento de demanda, complementario y compatible con los existentes, a través del desarrollo del producto turístico deseado por la demanda. Lo habitual será hacer este esfuerzo cuando el desarrollo del nuevo producto pueda incrementar la competitividad de los tradicionales, y en conjunto el destino mejore su sostenibilidad y el impacto económico-social generado.

La desestacionalización de la demanda en nuestros destinos, de acuerdo al enfoque definido, debe ser una prioridad de actuación porque no requiere un crecimiento de la oferta, incrementa el valor aportado por el destino y, por tanto, constituye un modelo de crecimiento enriquecedor.

Fuente: Secretaría de Estado de Turismo. Turismo 2020: «Bases para el desarrollo del Programa de Desestacionalización y Reequilibrio Socio-territorial».

ACTIVIDAD DE APLICACIÓN

La mayoría de los destinos, especialmente los de sol y playa, desarrollan planes de desestacionalización. Busca en internet algún ejemplo. ¿En qué tipología turística han basado la desestacionalización? ¿Crees que ha sido eficaz?

1.2. Marketing operacional y marketing mix en el sector de hostelería y turismo

1.2.1. Definición de marketing operacional y caracterización de las variables en que se basa: producto/servicio, precio, comercialización, distribución y comunicación

Podemos considerar que el marketing es tanto una filosofía como una técnica. Esta distinción nos lleva a considerar dos ámbitos de aplicación de la función de marketing en las empresas y organizaciones turísticas: estratégico y operacional.

Ámbito	Definición	Planificación
Marketing estratégico	Es una forma de pensar y entender la relación de intercambio entre la empresa y sus mercados que debe extenderse a todo el personal y actividades de la empresa y generar valores y actitudes positivas hacia el cliente.	La finalidad de la planificación estratégica es anticiparse y responder a los cambios del entorno. Es pensar sobre la misión, visión y objetivos estratégicos de la empresa, analizar dónde estamos, determinar dónde queremos ir (objetivos) y decidir cómo llegar.
Marketing operacional	Engloba un conjunto de instrumentos y técnicas que permiten ejecutar aquellas acciones que nos conduzcan a la consecución de los objetivos comerciales que la dirección de la empresa se ha fijado.	La finalidad de la planificación operativa es planificar, ejecutar y controlar las acciones de marketing estratégico del cómo llegar. Generalmente, se refiere a una herramienta de actuación: publicidad, marketing móvil, eventos promocionales, etc.

Para desarrollar las estrategias de marketing, la empresa dispone de los instrumentos básicos de marketing, que combinará de la forma que considere adecuada para conseguir los objetivos previstos. Esta combinación de elementos constituye el denominado *marketing mix* y está compuesto por las cuatro variables, conocidas como las «4 P's» (definidas por McCarthy en 1958):

- Producto (*Product*). Se trata de un concepto muy amplio, puesto que el producto abarca todo aquello que se coloca en un mercado para su adquisición y que, de alguna forma, puede llegar a satisfacer una necesidad o un deseo del consumidor.

- Precio (*Price*). Se trata de la cantidad de dinero que el consumidor debe pagar para tener acceso al producto o servicio.

- Distribución (*Place*). Es el proceso mediante el cual el producto o servicio llega hasta nuestro cliente, que puede ser mayorista o final.

- Promoción (*Promotion*). Incluye todos aquellos medios, canales y técnicas que van a dar a conocer nuestro producto.

Desde los años 80, y debido a la importancia de los servicios en las economías avanzadas, algunos autores añaden 3 nuevas P's a las cuatro tradicionales:

- Personas (*People*). Es consecuencia de la inseparabilidad del consumo y la prestación de los servicios. La calidad del servicio depende de la persona que lo presta.

- Procedimientos (*Process*). Mecanismos, protocolos o rutinas en la prestación de un servicio.

- Evidencia física (*Physical evidence*). Las empresas tienen que proporcionar algún tipo de evidencia física, en forma de fotografías, testimonios o estadísticas, que apoyen sus afirmaciones en torno a la calidad de sus niveles de servicio y de información.

1.2.2. Peculiaridades de dichas variables en el diseño y comercialización de productos turísticos locales

En este punto vamos a analizar cada uno de los cuatro elementos que componen el marketing mix.

Producto (*Product*)

Una habitación en el Hotel Meliá Bilbao, unas vacaciones en Jamaica, un paquete de vacaciones en Vietnam, un recorrido turístico en autobús por la Ruta de la Plata o una convención en un palacio de congresos son todos productos o servicios turísticos.

Podemos definir producto como cualquier solución que:

Figura 1.2. Definición de producto.

Tradicionalmente, el término producto se ha asociado a bienes tangibles. Sin embargo, en un sentido más amplio, hablamos de productos para referirnos a cualquiera de las ofertas que las empresas desarrollan para satisfacer necesidades o deseos. De hecho, podemos identificar al menos diez tipos de ofertas: bienes, servicios, experiencias, acontecimientos, personas, lugares, propiedades, organizaciones, información e ideas.

En el ámbito turístico, cobran especial importancia algunas de ellas:

Bienes	Son productos tangibles. Ej. Los recuerdos o *souvenirs*
Servicios	Son productos intangibles Ej. Una noche de hotel
Experiencias	Son productos memorables Ej. Ser pastor por un día (http://viajesporeuskadi.es)
Acontecimientos	Eventos Ej. Los Juegos Olímpicos
Lugares	Destinos turísticos Ej. www.andalucía.org
Propiedades	Bienes muebles e inmuebles Ej. www.marinador.com
Organizaciones	Empresas e instituciones Ej. Organización Mundial del Turismo
Ideas	Cada producto o servicios se asocia a una idea básica Ej. La Costa del Sol se asocia con el golf

Kotler (2012) propone cinco niveles que forman parte de un producto a los que debemos prestar atención.

En la herramienta de Kotler, cada nivel del producto se sustenta en el nivel anterior y le añade un valor adicional. La suma de todos los elementos de valor es lo que el cliente busca para satisfacer sus deseos y necesidades. De hecho, según este investigador, la satisfacción de un cliente sobre un producto solo se produce si el valor real del mismo es mayor o igual que el valor percibido en el momento de la compra.

En la siguiente ilustración aparecen los cinco niveles:

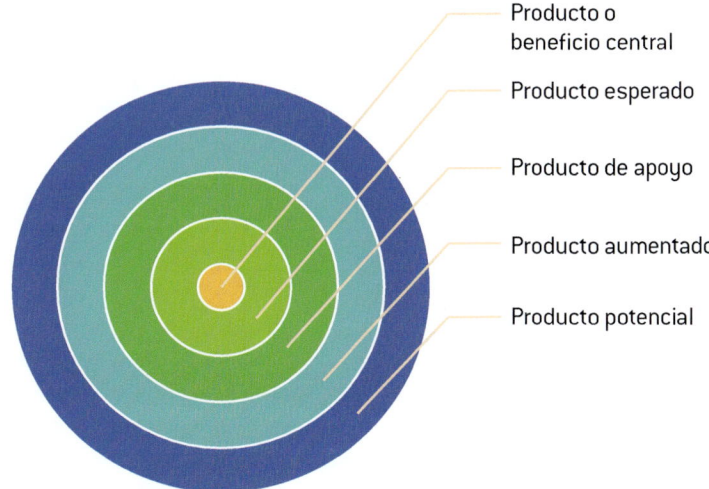

Figura 1.3. Niveles de producto de Kotler (2012).

- El **producto o beneficio central** se refiere al beneficio o a la necesidad básica que el cliente busca satisfacer. Debemos preguntarnos qué es lo que el cliente está comprando realmente. En un hotel, sería el alojamiento.

- El **producto esperado** incluye aquellos bienes o servicios que deben estar presentes para que el cliente pueda usar el producto central. Es lo esencial para ofrecer el producto al mercado. Siguiendo con el ejemplo de nuestro hotel, el cliente espera encontrar una habitación con cama, baño privado, toallas, teléfono, etc.

- El **producto de apoyo** son los beneficios adicionales que añaden valor al producto central y que lo ayudan a diferenciarse de la competencia. Ayuda a posicionarse en el mercado. El hotel Gran Meliá Puerto Rico Golf Resort cuenta con una importante oferta complementaria como Yhi spa, dos campos de golf, gimnasio o piscina.

- El **producto ampliado** es el producto que sobrepasa en alguna característica las expectativas de los consumidores y que distinguen el producto del de los competidores. Este nivel incluye:

  — La accesibilidad, ya que si un producto no es accesible no tiene valor alguno. Por ejemplo, el Hotel Meliá Bilbao está reconocido con el sello de accesibilidad otorgado por el Departamento de Industria, Innovación, Comercio y Turismo del Gobierno vasco. Sus instalaciones están adaptadas a cinco tipos de discapacidades: física, visual, auditiva, intelectual y orgánica.

Figura 1.4. Hotel Meliá Bilbao

— El ambiente o entorno físico, tanto el exterior como el interior, los colores, las paredes, los uniformes, el mobiliario reflejan un ambiente cordial que refuerza la impresión inicial de ser un sitio en el que se va a pasar un momento agradable. Por ejemplo, los hoteles ME by Meliá proporcionan el ambiente perfecto para una estancia que trasciende el alojamiento. Arte, música y diseño se unen al servicio personalizado de una experiencia que va más allá del simple alojamiento. ME se enmarca en el ambiente artístico local. En ME la música es su signo de identidad. Han creado un lienzo musical para adaptarse a cada momento del día y a cada estado en el hotel. Además, cuentan con aromas exclusivos.

— La interacción del cliente con la organización prestadora del servicio. En turismo, este punto cobra especial importancia, ya que el cliente participa en la entrega y consumo de la mayoría de los productos y servicios turísticos.

— La interacción con otros clientes. Hay que gestionar la interacción entre clientes para garantizar que no afecte negativamente a la experiencia de otros.

— Y la coparticipación del cliente. Los clientes ayudan a diseñar los productos o servicios. Hacer participar a los clientes para mejorar la calidad. Por ejemplo, Meliá Hotels International ha implantado un proyecto de diseñar una cultura de servicio consistente a través de sus seis marcas, presente en todos los puntos de contacto con el cliente con el fin de crear una experiencia única y adaptada al perfil concreto de cada uno de sus huéspedes. Meliá invita a sus huéspedes, a través de jornadas conjuntas de cocreación y entrevistas personales, a diseñar la forma en que su cultura de servicio debe ser y sentirse en cada una de las interacciones. «En lugar de asumir que sabemos lo que nuestros clientes quieren, les invitamos a que nos lo digan. Esto nos permitirá conocer sus necesidades específicas y anticiparnos a ellas»[1].

• El **producto potencial** es el producto formado por todas aquellas mejoras que se podrían incorporar al producto en el futuro. Son atributos o servicios que todavía no tiene el producto y que podría tener en el futuro. Por ejemplo, vuelos de avión con posibilidad de simular la actuación del piloto.

Este análisis del producto nos debe hacer reflexionar sobre su diseño, y sobre cómo se va agregando valor en cada uno de los niveles. Normalmente, la competencia no está determinada por el producto básico, sino más bien por el producto aumentado, y es en este nivel, y no en otros, donde se tendrá que invertir la mayor parte de los recursos.

_____

[1] (https://www.hosteltur.com/118007_melia-da-voz-sus-clientes-diseno-su-cultura-servicio.html)

Precio (*Price*)

El precio es un concepto que no es fácil de definir y que puede tomar muchas formas y denominaciones: precio, honorarios, tarifa, tasa, peaje, etc.

Precio
Hace referencia a los términos, monetarios o de otro tipo, de la transacción voluntaria de intercambio entre un consumidor que desea adquirir un determinado producto o servicio y un oferente que desea venderlo.

En este punto resulta interesante hacer algunas aclaraciones sobre el concepto precio.

Si nos centramos en el consumidor, el precio no consiste tan solo en el valor monetario pagado por un producto o servicio, sino que incluye todo el conjunto de esfuerzos, molestias e incomodidades sufridas, así como el tiempo invertido, necesarios para adquirir el producto. A estos elementos los denominaremos el «coste no financiero» para el consumidor.

Este hecho es particularmente importante en el caso de los servicios turísticos. La búsqueda de la información sobre las distintas alternativas existentes puede consumir mucho tiempo y esfuerzo y requiere un alto grado de involucración por parte del consumidor. Y no debemos olvidar que la producción y el consumo son simultáneos, lo cual puede llevar a experimentar sensaciones no deseadas: por ejemplo, un vuelo que se retrasa.

En resumen, el precio que paga un consumidor por un determinado producto o servicio es la suma de los costes financieros y de los costes no financieros. Para una mayor aclaración, vamos a ver cuáles son estos costes no financieros en función del ciclo del viaje:

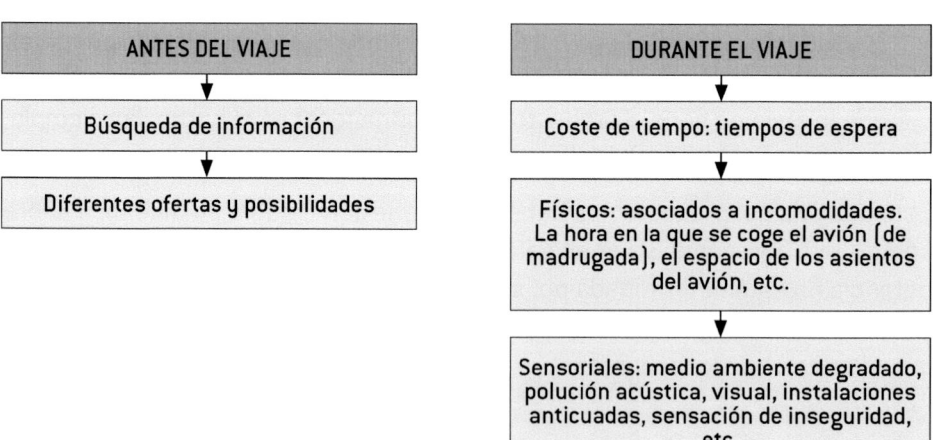

Por ello, las empresas serán más competitivas tanto si reducen el precio como los costes no financieros asociados. Debemos pensar que cuando los consumidores se plantean adquirir determinado servicio, comparan los beneficios esperados con los costes. Los consumidores, a menudo, están dispuestos a pagar un poco más por ahorrarse tiempo, minimizar las molestias y disfrutar de mayor comodidad. Es decir, están dispuestos a incrementar su coste financiero por reducir su coste no financiero. Sin embargo, como no todos los consumidores estás dispuestos a esto, las empresas crean o diseñan diferentes servicios para cada grupo de consumidores. Por ejemplo, las compañías aéreas ofrecen a sus clientes la posibilidad de pagar más por servicios adicionales (salas VIP, seguros, selección de asiento, facturación de maletas, etc.).

Desde el punto de la oferta, el precio ha de considerarse como un instrumento o una herramienta operativa de gran importancia:

- Es un instrumento a corto plazo con el que se puede actuar con una rapidez y flexibilidad superiores a las de los otros instrumentos del marketing. Sus efectos, tanto sobre los ingresos (la demanda) como sobre la competencia, son inmediatos.

- Es un poderoso instrumento competitivo. De hecho, en muchas ocasiones, el precio acaba siendo la principal arma competitiva.

- Es el único instrumento que proporciona ingresos.

- Es un indicador de calidad como consecuencia de la intangibilidad de los servicios turísticos.

- En muchas decisiones de compra es la única información disponible.

- El precio actúa como regulador del volumen de demanda.

- El precio actúa como filtro selector del tipo de demanda. En determinados destinos turísticos de sol y playa la gente está dispuesta a pagar precios más altos por conseguir tranquilidad, relax y entornos no degradados.

Distribución (*Place*)

La distribución es un elemento del marketing mix de carácter estratégico, ya que las decisiones de distribución son difícilmente reversibles a corto plazo.

La distribución es el instrumento del marketing que relaciona la producción con el consumo. Su misión es poner el producto a disposición del consumidor final o del comprador industrial:

- En la cantidad demandada.

- En el momento en que lo necesite.

- Y en el lugar en que desea adquirirlo.

Distribución turística
Es la función comercial que consiste en poner los productos al alcance del mercado.

La distribución requiere, generalmente, una colaboración externa a la empresa. En este sentido, los intermediarios son las personas o entidades que llevan a cabo las actividades necesarias para distribuir los productos. La estructura formada por estos intermediarios constituye el canal de distribución.

Cuando hablamos de productos tangibles, la distribución hace referencia a la accesibilidad al producto. En la distribución de productos tangibles existe un movimiento físico de los mismos del lugar de producción hasta el de consumo. Esto implica que deben llevarse a cabo una serie de actividades que se engloban en lo que se denomina logística de la distribución: transporte, almacenamiento, realización de pedidos, embalaje y entrega de los productos, etc.

Sin embargo, en el caso de servicios, como consecuencia de la característica de la intangibilidad de los mismos, no se da este movimiento físico de productos, siempre es el consumidor el que se desplaza hacia las instalaciones del oferente. Por eso, en este caso la distribución hace referencia a la accesibilidad a la información.

Comunicación (*Promotion*)

Gracias a la comunicación, las empresas pueden dar a conocer cómo sus productos o servicios pueden satisfacer las necesidades de su público objetivo. Este apartado, por tanto, se refiere al flujo de comunicación que existe entre la empresa y el cliente.

Promoción
Comunicar, informar y persuadir al cliente sobre la empresa, producto y sus ofertas son los pilares básicos de la promoción.

Podemos encontrar diferentes herramientas de comunicación: venta personal, promoción de ventas, publicidad, marketing directo o las relaciones públicas. La forma en que se combinen estas herramientas dependerá de nuestro producto, del mercado, del público objetivo, de nuestra competencia y de la estrategia que hayamos definido.

De las cuatro P's a las cuatro E's a las cuatro C's

El nuevo escenario en el que se desenvuelven las organizaciones y empresas turísticas lleva a la evolución, defendida por Fareed y Gibson (2015), de las cuatro P's del marketing tradicional hacia las cuatro E's y en un mundo digital, a las cuatro C's.

Del producto a la experiencia y al cliente

La primera P, producto, ha sido reemplazada por experiencia. Los hoteleros hoy en día ya no venden solo habitaciones, sino que tratan de provocar reacciones humanas, desde el *check-in* hasta la experiencia en la habitación, bares, restaurantes, spas y otros puntos de venta.

De acuerdo con estos autores, se considera que fracasaremos si los clientes no reaccionan ante nuestro equipo. Sin embargo, si sonríen, se muestran sorprendidos y/o hacen fotos o vídeos con sus *smartphones*, habremos logrado el éxito, además de potenciar el boca-oreja, las puntuaciones en *Tripadvisor* y otros éxitos en los medios sociales.

Para poder determinar la idoneidad de cada producto debe hacer desde la mirada del cliente. Lo importante es conocer las necesidades de nuestro cliente, que será el elemento central de todas nuestras decisiones.

Del precio al intercambio (*exchange*) y al coste

El precio se ha convertido en Intercambio (*exchange*). Debemos tener en cuenta no solo el coste sino el valor de las cosas. Los clientes toman las decisiones no con base en el precio sino considerando el coste en su conjunto, esto es, considerando tanto los costes financieros como los no financieros.

De la distribución en el punto de venta a la distribución en todas partes y/o electrónica y a la conveniencia

El punto de venta (*place*) es ahora todas partes (*everywhere*) y/o electrónica. En turismo la distribución es multi y omni canal por lo que la gestión de los canales se vuelve fundamental. Hay que saber utilizar los canales adecuados en los que nuestro cliente se muestra más proactivo en la compra.

De la promoción hacia la evangelización y la conversación

La promoción ha evolucionado hacia la evangelización, por lo que hay que buscar la pasión y la emoción en las marca. Inspirar a los clientes y empleados con esa pasión; conviértelos en evangelizadores.

En opinión de *Fareed y Gibson (2015),* la verdadera esencia del marketing hotelero consiste en identificar las tendencias del consumidor y crear programas que superen las expectativas del cliente mientras le ofreces una oportunidad tangible de diferenciar la empresa, hotel o *resort* de tus competidores.

La comunicación no solo se refiere a facilitar información, sino, lo que es más importante a mantener una conversación con nuestros clientes.

MAPA CONCEPTUAL

RESUMEN DE CONTENIDOS

Los mercados están cambiando y el turismo está sufriendo una revolución: una mayor facilidad de compra y un aumento de la información gracias a Internet, un desplazamiento al destino más barato y flexible gracias a las compañías de bajo coste, y una mejor atención y servicio gracias al marketing relacional.

En este nuevo escenario en que las empresas y organizaciones turísticas deben trabajar, se hace imprescindible aplicar el marketing. Las empresas y servicios turísticos no pueden existir sin sus clientes. Estos pueden elegir entre un abanico muy amplio de posibilidades y realizan su selección en función del valor percibido que le ofrecen los distintos servicios o destinos.

El auténtico marketing turístico no es el arte de vender lo que uno tiene o el servicio que presta, sino el arte de saber qué vender o qué servicio prestar.

Las empresas deben replantearse el servicio al cliente como una forma de aportar valor añadido en un mercado saturado, pensar en individual y crear soluciones escalables y rentables. Como resultado, la empresa obtendrá una ventaja estratégica, pues se diferenciará de forma clara del mercado y de su competencia.

Los servicios y productos del sector turístico presentan algunas características diferentes de los productos del sector industrial, los cuales deben ser tenidos en cuenta a la hora de su comercialización.

Algunas características son:

- El servicio turístico es intangible.
- La experiencia turística no se puede transferir.
- El servicio no puede probarse, por tanto, corre el riesgo de clientes insatisfechos.
- El producto no vendido se ha perdido.
- El servicio produce un derecho de uso sin transferir la propiedad.
- El contacto con el cliente en la mayoría de los casos suele ser directo.
- El cliente participa en la producción.

Podemos considerar que el marketing es tanto una filosofía como una técnica. Es, por un lado, una forma de pensar y entender la relación de intercambio entre la empresa y sus mercados que debe extenderse a todo el personal y actividades de la empresa y generar y valores y actitudes positivas hacia el cliente. Es, por otra parte, un conjunto de instrumentos y técnicas que permiten ejecutar aquellas acciones que nos conduzcan a la consecución de los objetivos comerciales que la dirección de la empresa se ha fijado.

Los teóricos del marketing hablan de marketing-mix para referirse a un conjunto de variables, conocidas como las cuatro P's, que podemos alterar para influir en la demanda de nuestros productos o servicios. Estas variables son: producto, precio, distribución y comunicación.

Las cuatro P del marketing mix se han transformado en Experiencia, Electrónica, Intercambio (*Exchange*) y Evangelización.

GLOSARIO

Desestacionalizar. Consiste en diversificar los atractivos de un lugar y ofertar mayor variedad de productos durante todo el año, con el objetivo de incentivar la llegada del turismo de manera regular y evitar que se concentre solo por temporadas cortas.

Distribución. Elemento del marketing mix que pone los productos o servicios turísticos a disposición de los clientes.

Marketing turístico. Identificar las necesidades y orientar los deseos de los consumidores para encontrar soluciones que satisfagan a los clientes y produzcan beneficios a la empresa o al destino.

Marketing estratégico. Es el medio por el que la empresa planifica las acciones de marketing que permiten alcanzar los objetivos a largo plazo.

Marketing operativo. Es el medio por el que la empresa planifica las acciones de marketing que permiten alcanzar los objetivos a corto plazo.

Precio. Coste financiero y no financiero que supone la adquisición de un producto o servicio.

Producto. Cualquier solución que se coloca en el mercado y satisface alguna necesidad.

Promoción. Elemento del marketing mix que se centra en comunicar, informar y persuadir al cliente sobre la empresa, producto y sus ofertas.

ACTIVIDADES DE APLICACIÓN

- Un hotel de ciudad está lleno todos los fines de semana y tiene una ocupación por encima de la media durante la semana. Por esta razón, el director considera que no necesita aplicar ningún plan de marketing, ¿consideras que la actitud del director es adecuada y que no debería implantar un programa de marketing?

- El 27 de septiembre, son múltiples los eventos que se desarrollan en todo el mundo para celebrar el Día Mundial de Turismo. Elige uno de esos eventos y analiza los niveles del producto del evento.

  Algunos aspectos a valorar serán la accesibilidad, la apariencia del evento, el ambiente, las instalaciones, los colores, etc. ¿El ambiente físico ha conseguido los objetivos del evento?

AUTOEVALUACIÓN

1. El marketing turístico se define como un conjunto de herramientas destinadas a la venta.

   a) Verdadero.

   b) Falso.

2. Una de las características del turismo de sol y playa es su estacionalidad.

   a) Verdadero.

   b) Falso.

3. Los medios sociales facilitan la búsqueda de información para reducir la intangibilidad.

   a) Verdadero.

   b) Falso.

4. La calidad de los productos y servicios turísticos es fácilmente medible.

   a) Verdadero.

   b) Falso.

5. Una consecuencia de la intangibilidad de los servicios es la eliminación de los intermediarios.

   a) Verdadero.

   b) Falso.

6. Los servicios turísticos no se pueden almacenar.

   a) Verdadero.

   b) Falso.

7. La distribución es la variable de marketing que permite que lo que se ofrece al mercado objetivo llegue a los clientes que lo forman, en el lugar y momento precisos.

   a) Verdadero.

   b) Falso.

8. El precio de un viaje para la demanda se refiere exclusivamente a los euros que paga por el mismo.

   a) Verdadero.

   b) Falso.

9. El precio es el único elemento del marketing mix que produce ingresos.

   a) Verdadero.

   b) Falso.

10. La comunicación es el único elemento del marketing mix que no es controlable por la empresa.

    a) Verdadero.

    b) Falso.

11. La mayor parte de los recursos de las empresas deben invertirse en el producto aumentado.

    a) Verdadero.

    b) Falso.

1.3. Marketing vivencial, sensorial o experiencial

1.3.1. La experiencia turística

Hoy en día, cuando hablamos de productos y servicios turísticos, hablamos de «productos experienciales». El turista no solo consume productos y/o servicios, sino que lo que compra y consume son experiencias. Los turistas ya no se conforman con visitar un lugar, sino que prefieren vivir una experiencia valiosa y desean participar y aprender. El turista desea ser algo más que un consumidor; desea ser el protagonista de su experiencia de viaje. Aparece el llamado «turismo de vivencias»; en el que se paga por ser un invitado, un huésped para el que la industria turística diseña una oferta en la que se pueden vivir experiencias.

Tomando la definición de Otto y Ritchie (1995):

> **Experiencia turística**
>
> Es un conjunto de impresiones físicas, emocionales, sensoriales, espirituales y/o intelectuales que son percibidas de manera diferente por los turistas, desde el mismo momento en que planifican su viaje, lo disfrutan en el destino elegido e incluso cuando vuelven a su lugar de origen y recuerdan su viaje.

Por ello, desde el punto de vista de las tendencias actuales de la promoción y comercialización de productos y servicios turísticos, los profesionales del turismo deben entender:

- En qué consisten estas experiencias,
- cuáles son sus ingredientes básicos,
- cómo han de ofertarse a los turistas,
- cómo las interpretan los consumidores finales,
- cuáles son las motivaciones, expectativas, necesidades y vivencias pasadas.

Hace falta conocer al turista para poder diseñar, gestionar y persuadirle con respecto a una oferta que se ajuste lo más posible a la experiencia turística que desea vivir.

Esta nueva tendencia ha promovido, además, que surjan plataformas dedicadas a este tipo de experiencias, muy alejadas, por ejemplo, de las agencias de viaje tradicionales y que, habitualmente, operan por internet. Un nuevo concepto que se está imponiendo y que es reclamo continuo para viajeros que buscan verdaderamente nuevas formas de viajar.

Fresco Tours (http://frescotours.com) se convirtió en una idea en 1999 y desde entonces ha crecido y se ha desarrollado hasta convertirse en la empresa que es hoy. Fue creada con su propia visión sobre cómo compartir con el cliente la esencia de los magníficos paisajes y la fascinante cultura de España. Les caracteriza el entusiasmo por nuestra tierra y nuestra empresa.

Seleccionan los guías cuidadosamente y pasan por un riguroso periodo de formación para asegurar que comparten su visión. Permanecen constantemente atentos a los comentarios de los clientes durante el viaje, con la esperanza de hacer esos pequeños ajustes o detalles especiales que harán que su experiencia sea memorable. Después de todo, al final del viaje, esperan ser algo más que su compañía turística, esperan convertirnos en sus amigos.

Se mantienen al tanto de las últimas novedades y cambios en los hoteles, restaurantes y proveedores locales, visitándolos y consultando con ellos regularmente para asegurarse que están a la altura de sus estándares. "Le llevaremos realmente fuera de los caminos trillados y le presentaremos a nuestros amigos y lugares secretos favoritos".

Figura 1.5. Logo Frescotours

1.3.2. Marketing experiencial

Para que las empresas ofrezcan a sus clientes experiencias inolvidables y memorables, ya no es suficiente con centrarnos en la calidad del servicio. El enfoque tradicional del marketing debe cambiar hacia el denominado marketing experiencial. Este se centra en ofrecer a los clientes experiencias memorables en todas las fases del ciclo del viaje, y recurre a la creación de emociones, sentimientos y pensamientos en los momentos de interacción de los clientes con el producto o servicio.

> **Marketing experiencial**
> Tiene como objetivo incrementar la satisfacción de los consumidores a través de proporcionarles una verdadera experiencia asociada al consumo de los productos y/o servicios.

Uno de los primeros autores en acuñar el término marketing experiencial fue Bernd Schmitt (1999, 2003), quien introdujo las emociones para establecer una relación de la marca con el cliente a través de la creación de *Customer Experience*.

Schmitt identificó cinco componentes principales de los productos turísticos entendidos estos como instrumentos que faciliten experiencias:

- Medio o soporte físico ambiental.

- Hospitalidad y acogida por parte de la población local y de los prestadores de servicios.

- Servicio final prestado.

- Libertad de elección para el cliente.

- Buen nivel de implicación del turista.

Además, es importante que los turistas perciban la autenticidad de las experiencias vividas para que estas sean valoradas como memorables.

El marketing experiencial, también conocido como marketing sensorial o emocional, surge ante esta constatación de que el factor emocional es determinante en el proceso de compra. Estas emociones se convierten en elementos que rodean los factores racionales de los productos y servicios turísticos para convertir las experiencias en positivas, motivadoras y memorables.

1.3.3. Definición de marketing vivencial y caracterización del cuarto componente: la experiencia del viaje, la vivencia y la relación con el destino

El marketing experiencial es el proceso que se centra en aportar un valor y un recuerdo al cliente para crear experiencias relacionadas con los productos o servicios que se ofrecen y conseguir un cliente fiel.

El núcleo central del marketing experiencial es la «experiencia del consumidor». Esto supone que el viajero va a seleccionar un destino, un producto o un servicio turístico en función de las expectativas de vivencia que ofrece y no se va a basar únicamente en la relación coste – beneficio. Las empresas deben tener este hecho en cuenta y ofrecer una experiencia agradable y que satisfaga sus demandas. Las buenas experiencias y el recuerdo basado en emociones, sorpresas y sensaciones diferentes tiene un potencial comunicador mucho mayor que los métodos tradicionales.

Para Schmitt (2010) existen cinco tipos de experiencias posibles que las empresas pueden gestionar con el fin de diseñar una oferta que satisfaga a los clientes:

Experiencias sensoriales – percibir	La vista, el olfato, el tacto, el paladar y el oído son considerados herramientas que en su conjunto se unen para brindar experiencias sensoriales únicas.
Experiencias de los sentimientos – sentir	Los sentimientos son la evaluación consciente que hacemos de la percepción de nuestro estado corporal durante una respuesta emocional.
Experiencias del pensamiento – pensar	Este tipo de experiencia, las marcas deben incitar a la reflexión del cliente para lograr una conexión que va más allá de la propia experiencia.
Experiencias de actuaciones – actuar	Está relacionada con la conducta y el estilo de vida que proporciona una determinada marca.
Experiencias de relaciones – relacionarse	Ordenadores, *tablets* y *smartphones* se han convertido en enormes altavoces donde las opiniones de los demás cobran especial protagonismo y los viajes ya no se comparten solo con el círculo más íntimo.

Boswijk, Yhijssen y Peelne (2007) afirman que el proceso para generar experiencias significativas comienza con la percepción a través de los sentidos (vista, oído, olfato, tacto y gusto). Por ello, cobra especial importancia el denominado marketing sensorial:

Marketing sensorial

El marketing sensorial apela a los sentidos con el objetivo de crear experiencias sensoriales a través de la vista, el sonido, el tacto, el gusto y el olfato.

Toda la información del mundo exterior que nos rodea, la recibimos a través de los cinco sentidos. Así, la mayoría de los enfoques del marketing sensorial buscan estimular a sus clientes a través de los cinco sentidos: buscan emocionar, mejorar la experiencia de los consumidores e influir en su comportamiento de compra. Se trata de llamar la atención de las emociones a través de los sentidos. Por eso, cada vez son más las empresas turísticas que utilizan los recursos sensoriales para crear valor y para que los clientes establezcan asociaciones: la decoración, la iluminación, las texturas de los materiales y la aromatización de espacios son elementos con los que las empresas juegan para crear una experiencia única en hoteles, aeropuertos, museos o agencias de viajes.

En realidad, todas las características del ambiente que hemos señalado al hablar del producto aumentado en el capítulo anterior afectarán a la percepción del cliente: temperatura, colores, formas, iluminación, distribución del espacio o decoración.

El objetivo del marketing sensorial es que el cliente se vaya satisfecho y con un buen recuerdo que no se borre fácilmente de su memoria. A continuación, vamos a ver cómo aplicar el marketing a través de los cinco sentidos:

- **Marketing visual:** es el marketing aplicado al sentido de la vista y se centra en los colores, las formas, la distancia y el tamaño.

> El 90 % de la información que percibe nuestro cerebro es visual. Para el 85 % de los clientes el color del producto actúa como detonante en la decisión de compra.

Los medios sociales e internet utilizan el poder de las imágenes para emocionar y proyectar la imagen de las marcas. Además, complementan las imágenes con historias o relatos que crean una propuesta de valor única.

- **Marketing olfativo:** se centra en la estimulación del olfato.

El olfato es el sentido de mayor permanencia en nuestra memoria, influyendo mucho en las decisiones de compra. Hace que el consumidor viaje a la nostalgia y al recuerdo de buenos momentos.

Es difícil acertar con un gran número de clientes, pero se puede crear un olor personificado, algo suave y que sea capaz de transmitir comodidad, tranquilidad, relajación y seguridad. En definitiva, que dé gusto estar en ese sitio. Los olores crean sensaciones, aunque en ciertos casos pueden resultar desagradables. Así, las cadenas hoteleras diseñan aromas y fragancias distintivas (que además ponen a la venta) que son parte de su identidad y que los clientes asocian con la experiencia vivida en alguno de sus hoteles.

- **Marketing auditivo:** es el marketing aplicado al oído.

Hay sonidos que nos llevan mentalmente a determinados lugares, como es el caso del sonido de las olas. Pero también el silencio produce sensación de tranquilidad o de relax.

> *Audiobranding* es un nuevo concepto que consiste en aprovechar el sonido asociado a las marcas.

La música afecta a los estados de ánimo y a la generación de recuerdos a largo plazo, produciendo emociones, sentimientos y experiencias en los clientes. La música es una fantástica herramienta para crear la imagen del punto de venta en la mente del cliente, así como la identidad de la marca que responde a su conjunto integral. También lo es en los anuncios, ya que es más fácil recordar la canción que el producto.

Turismo silencioso

Es una combinación de tranquilidad, relax y naturaleza que transmiten sus paisajes y que abordan como concepto de interés a diferentes mercados.

A continuación, se presentan algunos tipos de productos o servicios turísticos que están relacionados con este concepto del silencio (Romero, 2016):

Slow Travel. Este tipo de turismo está relacionado con el movimiento *slow* (despacio, en inglés). Se busca salir de los estilos de vida actuales más relacionados con ambientes urbanos, el estrés, la comida basura y los viajes contrarreloj a la búsqueda de conocer aquellos lugares con más tranquilidad, en contacto con sus gentes, disfrutando de la cultura y los productos locales y bajo un concepto de sostenibilidad.

Turismo Espiritual. Está relacionado con las actividades que nos acercan al conocimiento de nuestro propio yo y a nuestro bienestar interior.

Turismo de salud y bienestar. Un turista de salud viaja en busca de un servicio club de salud o spa para reducir el estrés, de tratamientos termales o de procedimientos más complejos en un hospital.

Hoteles solo para adultos. Búsqueda de tranquilidad en pareja es lo que suele caracterizas a este tipo de hoteles.

- **Marketing del gusto:** el sentido del gusto ayuda a despertar los otros sentidos para crear una imagen de marca. Junto con la vista o el olfato, son capaces de evocar en la mente del consumidor la cultura y la tradición del lugar y la experiencia vivida en ese momento.

Las personas recuerdan el 15 % de lo que prueban. Por eso, el sentido del gusto es uno de los principales reclamos del sector de la hostelería y los alimentos.

- **Marketing táctil:** el sentido del tacto favorece a la identidad de la marca. Incluye tanto las propias cualidades de los productos (textura, tamaño, materiales, etc.) como el punto de venta.

El sentido del tacto ha cobrado mucha importancia y significado en los últimos años dentro del mundo empresarial. Dicha importancia conduce a las industrias a buscar materiales y formas que respondan a las esperanzas y exigencias táctiles de los consumidores, de ahí el nacimiento del marketing táctil. Las texturas agradables fijarán en la memoria de los clientes el recuerdo de una experiencia sensorial placentera asociada al lugar donde las han percibido.

La experiencia de entrar en una agencia de viajes del grupo Azul Marino gira en torno a la posibilidad de utilizar los productos, de estar en contacto directo con los mismos (sin la intermediación de representantes de la empresa, trabajadores), tocarlos y sentirlos.

En resumen, los cinco sentidos son clave a la hora de diseñar una estrategia de marketing que tenga como objetivo emocionar a los clientes y generar en ellos una experiencia memorable. A continuación, mostramos un ejemplo de cómo estimular los sentidos y vivir experiencias únicas y memorables.

Los hoteles Me By Meliá han sido concebidos para estimular los sentidos y vivir experiencias únicas y estimulantes. Estos establecimientos hoteleros están pensados para que el viajero disfrute de una estancia personalizada, además de estar inspirados en la gente, los lugares y las culturas donde se ubican.

Figura 1.6. Me By Meliá.

La cocina internacional, los mejores cócteles, los espacios de exquisito diseño y la mejor música se unen para crear un nuevo concepto de experiencia con gran personalidad: los restaurantes de los hoteles ME han nacido para entregar a sus visitantes lo inesperado.

Y es que ME es un concepto elegante, sofisticado y pensado para excitar los sentidos con lo mejor de la gastronomía, la música y la moda. Sus instalaciones han sido concebidas para aquellos viajeros de vanguardia, que buscan no solo calidad, sino experiencias individualizadas y vibrantes en un ambiente cosmopolita, reflejo de sus necesidades profesionales y deseos personales.

En ME ofrecen un servicio personalizado que va más allá del alojamiento, porque han construido la atención a sus clientes en torno a cuatro atributos: RecuérdaME, ExperiméntaME, EnergízaME y DesafíaME, la perfecta combinación para crear la atmósfera que estimula los sentidos y conecta con el ritmo de vida de cada uno, con el aura de cada cliente, que consti-tuye la esencia de su concepto.

Un dato interesante, que sirve como prueba de su compromiso con la experiencia satisfactoria de sus clientes es que con la puesta en marcha de su marca nació también el «Guest Experience Manager», una nueva profesión dentro de la hotelería que tiene como máxima labor crear estímulos mediante olores, colores y sabores para que los clientes tengan una experiencia inolvidable en los hoteles ME.

Y es que en ME te invitamos a llegar más lejos, a traspasar los límites profesionales y personales: nos anticipamos a tus necesidades, despertamos tus emociones y estimulamos tu pasión... ¡Acércate a nosotros y descubre porqué, ME by Meliá es un lugar para experimentar la mejor gastronomía internacional!

MAPA CONCEPTUAL

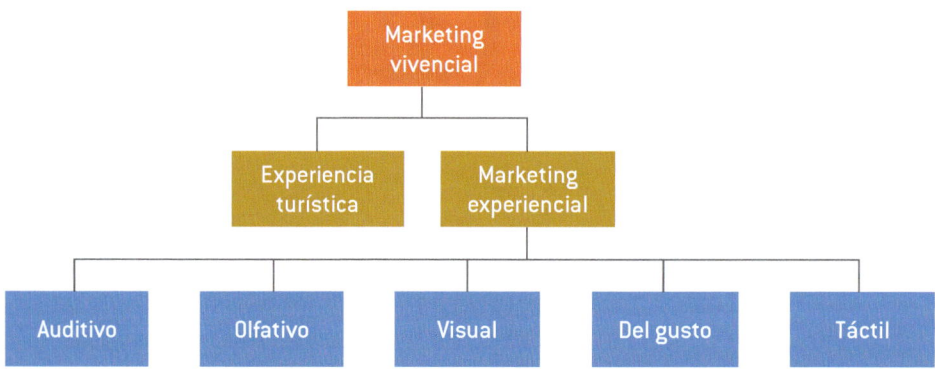

RESUMEN DE CONTENIDOS

La experiencia la vive el turista. El gestor turístico diseña oferta turística, pero es el turista quien vive las vacaciones, entendidas estas como experiencias memorables.

Hoy en día, todos los destinos y empresas turísticas centran sus estrategias en la creación de experiencias y en la interactuación con el turista de forma más directa, humana y personalizada.

Al integrar aspectos como la cultura y las tradiciones de las gentes del lugar, el turista se siente inmerso en su forma de vida, y sus sentimientos hacia el destino serán positivos.

El marketing experiencial se fundamenta en la premisa de que un cliente elige un producto o servicio por la vivencia que le ofrece antes de la compra y durante su consumo. Es un tipo de marketing que se basa en provocar sentimientos y emociones en los clientes para que conecten con una marca de un modo más profundo, de forma que el consumidor vive una experiencia auténtica y real que provoca un mayor recuerdo del destino o lugar donde ha vivido esa experiencia.

El marketing sensorial apela a los sentidos con el objetivo de crear experiencias sensoriales a través de la vista, el sonido, el tacto, el gusto y el olfato. El marketing sensorial se centra en las experiencias vividas por los consumidores y sus sentimientos en el proceso. El objetivo es que el consumidor se comporte de acuerdo a sus impulsos y emociones, más que a su razón.

De entre los cinco sentidos, diversos estudios científicos demuestran que el olfato es uno de los que genera mayor impacto. En la mente del consumidor el olor se registra como una emoción, relacionándola con las situaciones en las que el olor se percibió por primera vez.

El sentido del oído no puede controlarse voluntariamente, por lo que se transforma en un medio comercialmente muy fuerte. La elección de una ambientación de calidad ayuda a generar confianza, entretiene, genera sentimientos, divierte, relaja, recrea situaciones, etc.

El ser humano percibe multitud de sensaciones a través de los impactos visuales. La mente comprende mejor lo que ve. Por eso, en los últimos años, la tendencia es revitalizar y diseñar espacios más comunicativos e integrados dentro de una estética visual bien definida.

Oír, ver, oler, tocar, degustar, en definitiva, sentir una marca resulta fundamental a la hora de definir una imagen y una experiencia para nuestros clientes.

GLOSARIO

Experiencia turística. Es un conjunto de estímulos que son percibidos de manera diferente por los turistas en todo el ciclo del viaje.

Marketing experiencial. Es la estrategia que consiste en crear experiencias para conseguir llegar al cliente de forma creativa y memorable, consiguiendo crear vínculos emocionales entre consumidores y marcas.

Marketing sensorial. Aquel que apela a los sentidos con el objetivo de crear experiencias sensoriales a través de la vista, el sonido, el tacto, el gusto y el olfato.

AUTOEVALUACIÓN

1. Identifica el tipo de sentido al que se refieren las siguientes afirmaciones:

    _____ Es utilizado en los medios sociales junto con historias que completan la información.

    _____ Es el sentido de mayor permanencia en nuestra memoria, influyendo mucho en las decisiones de compra, hace que el consumidor viaje a la nostalgia y al recuerdo de buenos momentos.

    _____ Afecta a los estados de ánimo y a la generación de recuerdos a largo plazo, produciendo emociones, sentimientos y experiencias en los clientes. Su ausencia produce relax o tranquilidad.

    _____ Es capaz de evocar en la mente del consumidor la cultura y la tradición del lugar y la experiencia vivida en ese momento.

    _____ Se refiere tanto a las propias cualidades de los productos (textura, tamaño, materiales, etc.) como al punto de venta.

2. Es la rama del marketing que busca conectar a los clientes con los atributos de la marca a través de experiencias:

    a) Marketing sensorial.

    b) Marketing experiencial.

    c) Marketing directo.

    d) Marketing *one to one*.

3. Las experiencias centradas en el cliente deberían ocurrir:

    a) Una vez que el cliente está en el destino.

    b) En cuanto el cliente realiza la reserva.

    c) Antes, durante y después del viaje.

    d) Solo cuando el cliente lo solicite o muestre interés.

4. Una _____ va por encima de la satisfacción del cliente y crea la sensación de que la organización se centra en los intereses y necesidades de los clientes.

    a) Experiencia centrada en el cliente.

    b) Estrategia de promoción.

    c) Estrategia de calidad.

    d) Oferta de productos individuales.

5. La experiencia del cliente depende de:
   a) Del departamento de marketing.
   b) De la dirección.
   c) De las personas que están en contacto directo con el cliente.
   d) De todos los trabajadores de la empresa.

1.4. El proceso de segmentación de mercados y definición de público objetivo

El mercado turístico está formado por individuos y entidades heterogéneas. Los consumidores tienen características diversas, muchos tipos de demandas diferentes y, cuando compran un producto o servicio, no buscan siempre los mismos beneficios. En consecuencia, no se puede considerar el mercado turístico como una unidad y ofertar a todos sus integrantes los mismos productos o servicios.

Si se quieren satisfacer realmente las necesidades del mercado e incrementar la demanda, debe proponerse una oferta diferenciada a cada uno de los grupos de consumidores que presentan características o demandas distintas. La segmentación pone de manifiesto, precisamente, estas diferencias en las características y necesidades de los consumidores y permite detectar cuáles de ellas son importantes.

Segmentación

Es un proceso de división del mercado en subgrupos homogéneos, con el fin de llevar a cabo una estrategia comercial diferenciada para cada uno de ellos, que permita satisfacer de forma más efectiva sus necesidades y alcanzar los objetivos comerciales de la empresa (Kotler, 2012).

El nivel máximo de segmentación es el marketing personalizado o marketing *one to one*, cuya aplicación y desarrollo se ve facilitado por el desarrollo de las tecnologías de la información y la comunicación.

A continuación, se presentan las principales ventajas que aporta el proceso de segmentación a las empresas y organizaciones turísticas:

- Con la segmentación conocemos y comprendemos mejor las necesidades y las demandas de nuestro público objetivo.

- Ayuda a la empresa a identificar aquellos segmentos o nichos de mercado cuyas demandas no están atendidas. Si la empresa es capaz de adaptar su oferta a las nuevas demandas y exigencias de los consumidores, conseguirá aumentar su rentabilidad.

- La segmentación permite conocer mejor a nuestros clientes y, por ende, adaptar nuestra oferta para aumentar su satisfacción.

- La segmentación permite a las empresas establecer las adecuadas estrategias de diferenciación y posicionamiento.

- La empresa crea una oferta de producto o servicio más afinada y pone el precio apropiado para el público objetivo.

- Facilita la selección de los canales de distribución y de comunicación.

1.4.1. Fases del proceso de segmentación del mercado turístico

El proceso de segmentación sigue una secuencia, tal y como se recoge en la siguiente figura:

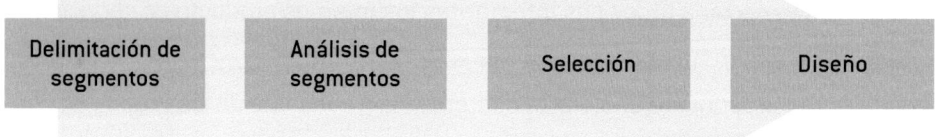

Figura 1.7. Fases del proceso de segmentación.

Fase 1. Delimitación de segmentos

En la primera fase debemos determinar cuáles son los criterios que vamos a utilizar para segmentar el mercado.

En los mercados turísticos se utilizan cuatro variables principalmente: geográficas, demográficas, psicográficas y de comportamiento.

Segmentación geográfica	Se identifican diferentes grupos de turistas en función de la zona geográfica en la que residen.
Segmentación demográfica	Consiste en dividir el mercado en distintos grupos con base en variables demográficas tales como el género, la edad, el tamaño de la familia, su ciclo de vida, la renta, la ocupación, la educación, la religión, la raza o la nacionalidad.
Segmentación psicográfica	Se divide a los compradores en diferentes grupos según su estilo de vida, personalidad o valores fundamentales. En turismo son importantes, por ejemplo, las orientaciones hacia el lujo o hacia la sostenibilidad.
Segmentación con arreglo al comportamiento	En esta segmentación se divide a los compradores en grupos según su conocimiento, actitud, uso o respuesta a un producto. Es habitual dividir el mercado turístico con base en las ventajas que los consumidores buscan del servicio o producto.

Los especialistas combinan un número cada vez mayor de variables a fin de identificar públicos objetivos más pequeños y mejor definidos. Así, por ejemplo, un hotel puede identificar un grupo de jubilados con alto poder adquisitivo, y distinguir dentro de ese grupo otros segmentos en función de su renta, capacidad de ahorro, etc.

Ejemplo

En la web de Promotur Turismo de Canarias (https://turismodeislascanaria. com), se realiza una segmentación de los turistas según la fuente de información utilizada para organizar el viaje.

A modo de ejemplo, el perfil del turista cuya principal fuente de información para organizar el viaje son los turoperadores y las agencias de viajes, queda reflejado en la figura 8. Suponen el 19,4 % del total de los turistas que visitan las islas. Proceden mayoritariamente de Alemania y Reino Unido. Buscan descansar y los atractivos que más valoran de las islas son el clima, la seguridad, la tranquilidad y el mar.

Figura 1.8. Perfil del turista cuya fuente principal de información son turoperadores y agencias de viajes (2021).

Sin embargo, el perfil de los turistas que utilizan los blogs y foros especializados en viajes como fuente principal de información para organizar el viaje (figura 9), proceden mayoritariamente de la península. Suponen el 8,4 % del total de los turistas. Su principal motivación es explorar la isla y los atractivos de la isla que han favorecido su elección son el clima, el paisaje y el mar.

Figura 1.9. Perfil del turista cuya fuente principal de información son blogs y foros especializados en viajes (2021).

Una correcta segmentación del mercado debe considerar las siguientes características de los segmentos:

- Deben ser identificables.

- Se debe poder acceder a ellos de forma sencilla.

- Deben de ser diferentes entre sí. A la hora de llevar a cabo una segmentación de mercados, es necesario que existan diferencias perceptibles y medibles en las valoraciones de los distintos productos que hacen los consumidores.

- Deben tener estabilidad en el tiempo.

- Debe tener un potencial de ventas suficiente como para justificar el gasto.

- Deben ser útiles para la aplicación de nuestra estrategia comercial.

Fase 2. Análisis de segmentos

Se prepara un perfil de cada grupo en términos de actitudes distintivas, conductas, demografía, geografía, etc. Y se nombra a cada segmento con base a su característica dominante. La segmentación debe repetirse periódicamente porque los segmentos cambian.

El uso de las tecnologías de la información facilita las etapas de análisis y preparación de perfiles, y la microsegmentación. La mayoría de las empresas cuentan con bases de datos de sus clientes. Una adecuada gestión de dicha información permitirá determinar las demandas y exigencias de los clientes.

Ejemplo

Es importante conocer el comportamiento de las nuevas generaciones de viajeros porque nos servirá para adaptar nuestras estrategias con mayor eficacia. A continuación, se muestran las características como viajeros de las nuevas generaciones, los millenials y la generación Z.

	Millenials	Generación Z
Nacidos entre	1981-1996	1997-2012
Uso de TIC	Cibernautas. El *smartphone* es un compañero indispensable.	Nativos digitales. Dependencia tecnológica.
Características como viajeros	El presupuesto es el factor más restrictivo. Viajan todo el año. Les gusta viajar. Combinan trabajo y placer.	El presupuesto es el factor más restrictivo. Es la generación que más viaja, más planea viajar y más gasta en viajes. En sus viajes no mezclan trabajo y vacaciones.

	Millenials	Generación Z
Fuente de inspiración principal	Instagram y TikTok.	TikTok.
Búsqueda de servicios	Agencias de viajes *online* y aerolíneas.	Multiplataforma (videojuegos, asistentes virtuales, etc.).
Alojamiento	Buscan otras alternativas de alojamiento: albergues, hostales, B&B, apartamentos, viviendas vacacionales, etc.	Momentos más únicos y memorables en sus estancias en hoteles. Buscan comodidad y lujo. Interés por nuevos tipos de alojamientos: *eco-friendly*, gastrohoteles, etc.
Buscan	Parecen dar prioridad a la sostenibilidad y la inmersión cultural.	Autenticidad y vivir el momento.
Comparten en sus redes sociales	Comportan y viven sus viajes a través de las redes sociales.	Fotos perfectas. Momentos divertidos, tontos y reales que hacen que un viaje sea realmente memorable.

Tabla 1.1. Características como viajeros de los *millenials* y la generación Z.

Fase 3. Selección de los segmentos de mercado

Una vez que se han definido los diferentes segmentos existentes, las empresas y organizaciones turísticas deben valorar los diferentes segmentos existentes y seleccionar su público objetivo, esto es, aquel o aquellos segmentos más interesantes. Posteriormente, la empresa debe decidir cómo atender a su público objetivo diseñando la oferta que mejor atienda sus demandas y expectativas.

La empresa puede optar por las siguientes estrategias:

- Concentración en un único segmento

  Es la estrategia basada en un nivel máximo de especialización, en la que la empresa se dirige exclusivamente a un solo segmento. Por medio de técnicas de concentración, la empresa consigue un importante conocimiento de las necesidades del mercado y adquiere una fuerte presencia en el mercado.

  Su principal inconveniente es el riesgo que supone centrarse en un único producto o mercado, y su ventaja es que supone unos menores costes de producción y comercialización.

Ejemplo

La plataforma Adults Only Holidays (http://www.adults-only-holidays.com/ es/), vista la dificultad que existe hoy en día para seleccionar un hotel sin niños, ya que no existen webs profesionales dedicadas a este segmento, pretende ser una herramienta eficaz para la selección de hoteles para adultos, de manera que los usuarios encuentren sin esfuerzo las vacaciones deseadas, y al mejor precio.

- Especialización selectiva

En este caso, la empresa selecciona un número de segmentos, cada uno de los cuales es objetivamente atractivo y apropiado para sus objetivos y recursos.

Esta estrategia tiene la ventaja de que con ella se diversifican los riesgos.

- Cobertura total del mercado.

Con esta estrategia, la empresa intenta atender a todos los segmentos con todos los productos que puedan necesitar. Hay dos formas de cubrir totalmente el mercado:

- A través de un marketing mix indiferenciado: en el que la empresa ignora las diferencias entre los distintos segmentos y atiende al mercado total con una única oferta. Diseña un producto y un programa de marketing destinado al mayor número posible de compradores confiando en la distribución y en la publicidad masiva.

- A través de un marketing mix diferenciado: supone que la empresa opera en varios segmentos del mercado, pero diseña diferentes programas para cada uno de ellos. Adapta sus productos o servicios a cada uno de los segmentos del mercado, intentando conseguir la máxima cobertura.

Marca	Características
GRAN MELIÁ HOTELS & RESORTS	Un lugar donde el lujo se une a la cultura del buen vivir español. Donde el carácter mediterráneo convive con el prestigio europeo. Porque no solo basta con enamorarse del lugar, también hay que enamorarse del momento.
The MELIÁ COLLECTION	The Meliá Collection es una selección de hoteles singulares de lujo cuidadosamente escogidos, que encarnan un espíritu independiente y un inconfundible sentido del lugar. Cada hotel de la colección es único, una experiencia en sí mismo, una invitación a vivir historias inolvidables. Porque hacemos las cosas con tanto detalle y pasión que despertamos su alma. Y la tuya.

Marca	Características
ME BY MELIÁ	ME by Meliá te invita a descubrir el espíritu rompedor de nuestros hoteles, y su colección de habitaciones y *suites* inspiradas por la cultura contemporánea. Somos energía. Somos inspiración.
PARADISUS BY MELIÁ	Una extraordinaria experiencia con todo incluido en *resorts* de lujo al lado del mar en todo el mundo.
MELIÃ HOTELS & RESORTS	En Meliá, la libertad del verano cobra vida en nuestros hoteles. Situados en los mejores destinos y las ciudades más deseadas son reconocidos por nuestro servicio excepcional y nuestra cálida hospitalidad española. Disfruta del verano en nuestros hoteles donde cada momento es único.
ZeL	Una colección de hoteles inspirada en el estilo de vida mediterráneo, en su espontaneidad y calidez, y en su manera única de vivir al aire libre.
INNSiDE BY MELIÁ	Una colección de hoteles urbanos y de playa para mentes curiosas que piensan que es hora de irse. A una nueva ciudad. A ese bar. A algún lugar que ni siquiera puedes pronunciar. Cuanto más curiosos somos, más hay que descubrir. Cuanto más descubrimos, más vivos nos sentimos. *Go Curious. Go somewhere new.*
FALCON'S RESORTS BY MELIÁ	Los Falcon's Resorts by Meliá combinan a la perfección la hospitalidad y las instalaciones de un *resort* de playa de primera calidad con extraordinarias experiencias de ocio para todos; de una manera informal pero sofisticada.
SOL BY MELIÁ	La Tribu Sol es una forma de vivir y compartir. Es tu familia, los amigos de tu familia, los hijos de tus amigos. Es vivir unas vacaciones llenas de energía, actividades, relax y momentos felices para recordar. Y en esta vida *under the* Sol, todas las Tribus son bienvenidas.
AFFILIATED BY MELIÁ	Hoteles con diseño contemporáneo y una auténtica conexión con la cultura local.

Tabla 1.2. Segmentación diferencia del grupo Meliá Hoteles Internacional (https://www.melia.com/es)

Fase 4. Diseño de la oferta

Una vez definidos los segmentos a los que se va a atender, las empresas e instituciones turísticas deben definir su estrategia de posicionamiento, esto es, la posición que quieren conseguir en la mente de su público objetivo.

A continuación, acometerán una estrategia de diferenciación de la competencia, tratando de ofrecer un valor especial y superior a los clientes potenciales, esto es, buscando ventajas competitivas.

Estrategia de posicionamiento

El **posicionamiento**, término acuñado por los publicistas norteamericanos Ries y Trout (1982), se refiere a las percepciones que tienen los consumidores sobre una marca, un producto, servicio o una empresa, en relación con otras marcas, productos, servicios o empresas del mercado o, incluso, en comparación con los que son ideales para ellos.

Por lo tanto, el posicionamiento es definido por los propios consumidores cuando se forman opiniones sobre las marcas y los productos y les atribuyen un lugar determinado en sus mentes. No obstante, las actuaciones de las empresas influyen en esta posición en la que los ubican los consumidores.

El análisis del posicionamiento aporta información para diseñar la estrategia de marketing. De acuerdo con Ries y Trout, la empresa puede plantearse tres estrategias:

- Fortalecer la propia posición en la mente de los consumidores.

- Buscar una posición en el mercado que no esté ocupada.

- Desposicionamiento o reposicionamiento frente a la competencia.

Estrategia de diferenciación

Teniendo en cuenta este posicionamiento, las empresas tratan de diferenciarse ofreciendo a sus potenciales clientes una oferta superior a la de la competencia.

> **Estrategia de diferenciación**
>
> Es el acto que acomete una empresa para diseñar un conjunto de **diferencias** significativas a fin de **distinguir** su oferta de las de la competencia.
>
> Kotler (2012)

Por ello, la empresa debe conocer a cuál de sus atributos le da mayor importancia el consumidor y centrar sus esfuerzos en mejorarlo.

Veamos algunas posibilidades con las que cuentan las empresas y organizaciones turísticas para diferenciarse:

- Diferenciación física: esta práctica afecta a las características propias de la oferta, mediante la creación de nuevos elementos o actividades dentro de la oferta. Bilbao debe una parte de su imagen al Museo Guggenheim. Si un destino, por ejemplo, no posee atractivos arquitectónicos únicos debe crear atractivos para el turista como la oferta de rutas distintivas (la ruta del vino), deportes de aventura o la posibilidad de experimentar productos culinarios únicos que generan ventajas competitivas que difícilmente podrán ser copiadas por la competencia.

- Diferenciación en el servicio: se puede diferenciar la oferta a través de la introducción de servicios complementarios que añadan valor al producto. Por ejemplo, la creación de puntos de atención al cliente, visitas guiadas, servicios específicos para personas de la tercera edad, etc.

Ejemplo

El turismo del silencio, una nueva tendencia.

La necesidad de compaginar ocio y trabajo para evitar episodios de estrés, hace que una nueva tendencia turística esté adquiriendo una importancia cada vez mayor: el turismo de silencio.

Esta nueva tipología turística se desarrolla alrededor de cuatro premisas básicas que condicionan su eficaz aprovechamiento: silencio, sueño, meditación y relajación. Todos estos factores adquieren un papel clave para conseguir una desconexión de la monotonía, con la ayuda de elementos de valor añadido, directamente relacionados con la estimulación de los sentidos.

Extracto de https://www.andalucialab.org/blog/el-turismo-de-silencio/

- Diferenciación en recursos humanos: se puede crear una ventaja competitiva mediante la disposición de personal especializado en capacidades específicas. Por ejemplo, la posibilidad de realizar visitas con comentarios en idiomas poco habituales, una atención al cliente personalizada, etc. Barcelona lleva años preparando guías que hablen, además de otros idiomas, chino mandarín, para poder atender las demandas de los nuevos clientes procedentes de China.

Considerando las necesidades del público objetivo y las diferencias por las que han destacado los productos de la competencia, la empresa decide el número y el tipo de diferencias que deben determinar el posicionamiento de su producto o marca.

Algunos especialistas de marketing son partidarios de que la estrategia de diferenciación de la marca se base en un único atributo. Consideran que los consumidores se ven expuestos a un número muy elevado de informaciones y estímulos de marketing y que, en consecuencia, les resulta difícil recordar las características por las que destaca cada producto.

Sin embargo, hay opiniones partidarias de que el producto destaque por dos o más ventajas, especialmente, cuando algunas marcas se han posicionado por ser las mejores en un mismo atributo. En otras ocasiones, el posicionamiento a partir de dos o más beneficios se justifica por el interés de llegar al mismo tiempo a varios segmentos que tienen preferencias diferentes. No obstante, hay que tener en cuenta que a medida que aumenta el número de atributos diferenciadores, disminuye la credibilidad de la oferta y el posicionamiento se debilita.

Ejemplo

Cada vez hay más personas que viajan a un lugar para dormir expresamente en un hotel raro, insólito o nada común. El factor precio o la comodidad es lo de menos. Lo que cuenta es la experiencia, poder decir más tarde «yo pasé una noche allí».

312 establecimientos en todo el mundo se comercializan a través del portal «Unusal Hotels of The World» (https://www.unusualhotelsoftheworld.com/home).

MAPA CONCEPTUAL

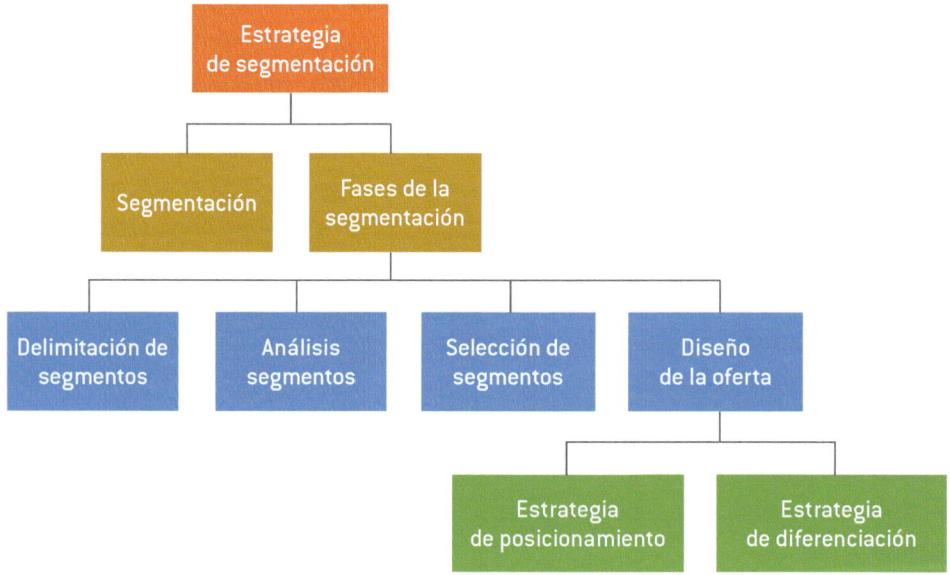

RESUMEN DE CONTENIDOS

La elección de un segmento de mercado debe realizarse midiendo su potencial actual y futuro, así como la competencia existente en el mismo. A veces es más rentable un pequeño segmento en el que se ocupa una posición exclusiva que un gran segmento en el que se compite con otras marcas.

El proceso y la estrategia de segmentación consta de las siguientes fases:

1. Identificación de las variables de segmentación y los segmentos de mercado, en función de nuestro producto o servicio.

2. Desarrollo de perfiles descriptivos de cada segmento.

3. Evaluación del atractivo de cada segmento, normalmente determinado por su potencial de ventas.

4. Selección del segmento o segmentos objetivo (*target* o público ideal).

5. Identificación de posibles acciones para posicionarse en los segmentos escogidos: creación de una nueva línea de productos o servicios, adaptación o mejora de un producto, etc.

6. Selección y aplicación de las acciones de posicionamiento escogidas para cada segmento de mercado.

Una vez definidos los segmentos a los que se va a atender, las empresas e instituciones turísticas deben definir su estrategia de posicionamiento, esto es, la posición que quieren conseguir en la mente de su público objetivo.

Para conseguir crear una posición en la mente de los consumidores, las empresas deben diferenciar su oferta a fin de distinguirla de la competencia. Esta estrategia de diferenciación puede basarse en el propio producto, en las características del servicio o en los valores emocionales de la marca. En cualquier caso, la característica en la que decidamos diferenciarnos debe ser relevante para nuestro segmento y diferente a la de la competencia. Por ello, es muy importante escuchar a los clientes para conocer cuáles son sus demandas y poder atenderlas.

Al llevar a cabo una segmentación de mercado se puede calcular el tamaño del mercado o el número aproximado de personas que pueden comprar el producto concentrándose en las actividades de planificación para este grupo, también se pueden realizar eficaces planes de acción; conocer al consumidor y sus decisiones de compra, conocer las costumbres del consumidor y cómo satisfacer sus demandas; se puede desprender de marcas no productivas, diseñar actividades promocionales al grupo específico, cuidando recursos de la empresa y obteniendo mejores resultados.

GLOSARIO

Diferenciación. Es el acto que acomete una empresa para diseñar un conjunto de atributos significativos a fin de distinguir su oferta de las de la competencia.

Posicionamiento. Lugar que una marca, un producto, servicio o una empresa ocupa en la mente de un consumidor en relación con otras marcas, productos, servicios o empresas del mercado.

Segmentación. Es un proceso de división del mercado en grupos más pequeños que se identifican por ciertas características que comparten entre sí.

ACTIVIDADES DE APLICACIÓN

En esta actividad se trata de averiguar qué factores se utilizan en el sector turístico para segmentar la demanda.

Para dar respuesta a esta pregunta, debes partir de los criterios que, según hemos apuntado anteriormente, emplean las empresas para segmentar sus mercados e identificar los criterios más utilizados en la segmentación de la demanda turística. Puedes completar tu respuesta con ejemplos extraídos de la realidad turística sobre empresas, destinos o actividades turísticas que utilicen dichos criterios de segmentación.

AUTOEVALUACIÓN

Indica si las siguientes afirmaciones son verdaderas o falsas:

1. ¿Qué estrategia comercial de segmentación consiste en elegir uno o varios de los segmentos existentes y presentar en cada uno de ellos una oferta distinta fruto de una planificación estratégica específica?

    a) Indiferenciada.

    b) Diferenciada.

    c) Concentrada.

    d) Dispersa.

2. El mercado lo integran compradores homogéneos.

    a) Verdadero.

    b) Falso.

3. El mercado lo integran compradores con distintos deseos.

   a) Verdadero.

   b) Falso.

4. La estrategia de marketing de masas implica una cobertura mínima del mercado.

   a) Verdadero.

   b) Falso.

5. La estrategia de marketing *one to one* implica un nivel de segmentación menor que la de marketing de nichos.

   a) Verdadero.

   b) Falso.

6. ¿Cuál de los siguientes criterios de segmentación es de tipo sociodemográfico?

   a) La nacionalidad de los consumidores.

   b)   La forma de ser de los consumidores.

   c) Las actitudes manifestadas por los consumidores hacia algún producto.

   d) La ocasión de uso de un producto.

7. Completa las siguientes definiciones:

   _____ Logra que un producto ocupe un lugar claro en los demás de la competencia en la mente de los consumidores.

   _____ Ofrecer a sus potenciales clientes una oferta superior a la de la competencia.

   _____ Proceso de división del mercado en subgrupos homogéneos, con el fin de llevar a cabo una estrategia comercial diferenciada para cada uno de ellos.

8. Indica de qué tipo de segmentación estamos hablamos, geográfica, demográfica o psicográfica:

   _____ Divide al mercado según el sexo, raza, edad, cultura, educación, etc.

   _____ Divide al mercado en base a estatus social o características de personalidad.

   _____ Divide al mercado por regiones, municipios, estados, ciudades o vecindarios.

9. La segmentación de mercados requiere:

   a) Que el tamaño de los segmentos sea similar.

   b) Que se determinen muchos segmentos distintos.

   c) Que los segmentos sean realmente diferentes.

   d) Que se determinen pocos segmentos distintos.

10. Ordena las fases del proceso de segmentación:
  a) Selección del segmento o segmentos objetivo (*target* o público ideal).
  b) Desarrollo de perfiles descriptivos de cada segmento.
  c) Evaluación del atractivo de cada segmento, normalmente determinado por su potencial de ventas.
  d) Selección.
  e) Identificación de las variables de segmentación y los segmentos de mercado, en función de nuestro producto o servicio.
  f) Identificación de posibles acciones para posicionarse en los segmentos escogidos: creación de una nueva línea de productos o servicios, adaptación o mejora de un producto, etc.

1.5. Instrumentos de comunicación según tipo de producto turístico local: identidad corporativa, marca, publicidad, publicaciones, relaciones públicas, ferias turísticas, encuentros profesionales entre la oferta de productos turísticos y organizadores de viajes y/o medios de comunicación especializados, eventos dirigidos al consumidor final

1.5.1. Imagen, identidad corporativa y marca

Todas las mañanas, antes de salir a la calle, cuidamos la ropa que vamos a utilizar, el maquillaje o afeitado, o la forma de peinarnos, esto es, cuidamos la imagen que queremos transmitir. Las empresas y destinos turísticos, al igual que hacemos nosotros, tampoco dejan al azar la imagen que desean proyectar y que emana directamente de su identidad para ser creíble.

Por ello, en la actualidad, tan importante como la productividad o el control de la calidad, es la comunicación de las empresas, tanto externa como interna, dando relevancia a conceptos como imagen e identidad organizacional.

La imagen es el conjunto de formas y figuras dotado de unidad y significación (Cirlot, 1985: 248).

Sin embargo, en nuestros días empleamos la palabra imagen para referirnos a otra cosa:

Imagen
Es el juicio o la opinión (positiva o negativa) que nos formamos acerca de una persona, institución, de una entidad o de un colectivo.

La imagen, así definida, va a influir posteriormente en el comportamiento que adoptemos con respecto a la persona o entidad a la que corresponde.

Siguiendo esta definición, la imagen de un producto o de una marca viene dada por las percepciones del público objetivo, y constituye una representación mental que los consumidores se hacen sobre el producto o la marca como consecuencia de las informaciones, las emociones y las experiencias que han percibido sobre ellos.

Al ser fruto de la mente de los consumidores, la imagen puede incorporar percepciones que no reflejen la realidad objetiva del producto o la marca. Entonces, es obvio que el aspecto imagen se deba tener muy en cuenta a la hora de gestionar empresas y destinos turísticos.

Para que la imagen corporativa funcione, debe transmitir y saber reflejar la personalidad de la empresa y tener un diseño acorde a ello que provoque interés en el consumidor.

Las fuentes de creación de imagen de la empresa están integradas por:

- Las que están ligadas a los productos (bienes o servicios) de la compañía, tanto en lo que se refiere a sus aspectos tangibles (gama de productos, su presentación, atributos físicos, nombres, precios, etc.) como a los intangibles.

- Las que se refieren a la distribución de dichos productos, tales como cantidad de puntos de venta, tipos y características de los medios de distribución utilizados, etc.

- La comunicación de la empresa a través de vehículos tan diversos como la propia estructura organizativa, sus instalaciones, su papelería (cartas, tarjetas, etc.) su personal, sus acciones de relaciones públicas, de mecenazgo, de promociones, etc.

Identidad

Recoge un conjunto de rasgos, estables y duraderos, que la empresa intenta que se atribuyan al producto o la marca.

En consecuencia, la identidad refleja la razón de ser de una empresa o destino, el significado que aspiran a tener entre el público objetivo a largo plazo y que les llevará a adquirir una personalidad propia y única, que se mantenga a lo largo del tiempo.

Ejemplo

Meliá Internacional resalta el carácter español de la marca, escribiendo la palabra Meliá en mayúsculas con el rabito de una Ñ, sustituyendo la tilde de la A.

MELIÃ HOTELS INTERNATIONAL

Figura 1.10. Logo de Meliá Internacional.

La imagen es cómo nos perciben y la identidad es cómo queremos que nos perciban.

El componente relevante de la identidad es la marca.

> **Marca**
> Un nombre, un término, una señal, un símbolo, un diseño o una combinación de alguno de ellos que **identifica** bienes y servicios de un vendedor o grupo de vendedores y los **diferencia** de los de la competencia.
>
> Kotler (2012)

Entre los elementos visuales asociados a la marca, los más usados en las acciones de comunicación son los siguientes:

- El **nombre de la empresa** es la primera impresión de los clientes y futuros clientes. Lo ideal es que el nombre tenga relación con el negocio, que sea corto, fácil de recordar y pronunciar, y que diferencie de la competencia.

- El **logotipo** que es el nombre gráfico—verbal de la empresa, es decir, que se puede pronunciar con unas palabras o un conjunto de sonidos que deberían ser siempre los mismos, y que estará diferenciado gráficamente por un tipo de letra específico que se caracteriza como propio.

  El nombre es lo más importante en la creación de imagen visual, pues va a estar presente en todas las actividades que la empresa desarrolle. Un nombre sencillo, concreto y fácil de pronunciar es lo ideal en la construcción de su identidad e imagen.

- El **símbolo** es el elemento gráfico que representa por sí solo la imagen de la compañía. En otras palabras, nos referimos al icono, dibujo, siglas o iniciales que forman un grafismo.

  La «M» de McDonald's o la «H» de los hoteles Hilton son un ejemplo de símbolos asociados a las marcas.

- **Siglas.** Conjunto de letras que, de forma abreviada, y con personalidad y diseño similar al logotipo, representan el nombre corporativo o razón social de la compañía. Es el caso de las cadenas hoteleras NH o AC.

- **Subtitular explicativo.** Texto complementario que, acompañado de otro signo gráfico en solitario, refuerza el significado del logotipo potenciando la representación de la actividad. Iberia, líneas aéreas.

- **Color corporativo**. Factor cromático que intensifica los aspectos de percepción de los elementos base, contribuyendo a crear una personalidad de la compañía. Cada compañía intentará tener uno, o un conjunto de unos pocos colores que la identifiquen, que utilizará en la mayor parte de sus expresiones gráficas y plásticas. Además, define una gama cromática de uso variado que utilizará para todos los elementos visuales que tengan que ver con la imagen de la compañía.

Ejemplo

Andalucía establece en su manual de Marca (https://www.turismoandaluz. com/sites/default/files/documentos/Manual%20marcaOK.pdf), una gama cromática del logotipo que refleja la riqueza cultural y la diversidad de Andalucía, mediante la aplicación de una gama radiante de colores que fluctúan del rojo clavel al amarillo albero, del azul mar al verde primavera, del blanco alegría al morado tradición.

- **Franjas corporativas**. Estructura cromática de los colores corporativos de la empresa.

Ejemplo

Entre los elementos de la marca Iberia destacan los colores y las franjas corporativas. Se utiliza el color rojo como tono principal en todas sus comunicaciones, dotando de carácter y diferenciación a la marca. Un ejemplo de esto es su página web (www.iberia.com) donde el color rojo es indudablemente protagonista.

Figura 1.11. Portada de la página web de Iberia.

- La **página web**. Es primordial contar con un dominio propio, ya sea el nombre completo de la empresa o una palabra relacionada con los productos que se venden, ya que así será más fácil que se pueda encontrar.

- La **línea gráfica impresa o papelería**. Es la parte del diseño gráfico que corresponde a la publicidad impresa de la empresa, tales como *flyers,* calendarios, sobres, tarjetas de presentación, contratos, servilletas, uniformes de los trabajadores etc. Todos estos recursos deben contar con un diseño único en el que se incluirá el logotipo de la empresa y opcionalmente el eslogan.

Branding
Es el proceso de construcción de una marca.

El *branding* es un elemento clave para la diferenciación y el posicionamiento de cualquier empresa, producto o servicio turístico.

El poder de una marca influye en el comportamiento de los clientes, por lo que tener una marca de alto valor, con una fuerte imagen corporativa y un buen posicionamiento frente a la competencia, ayuda a tener éxito a largo plazo.

La labor del *branding* responde a las acciones que se desarrollan para conectar ciertas emociones a un logotipo y a una marca.

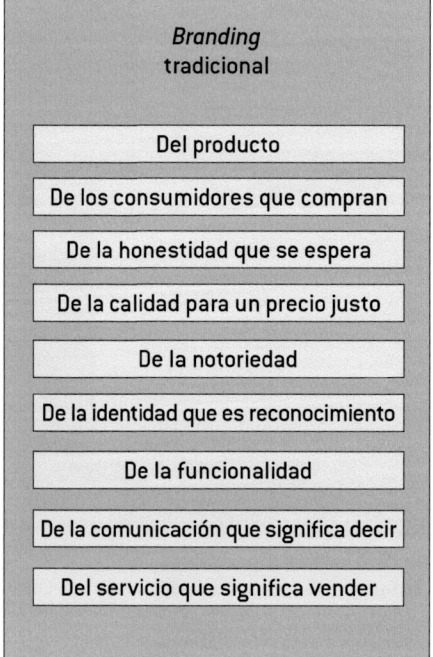
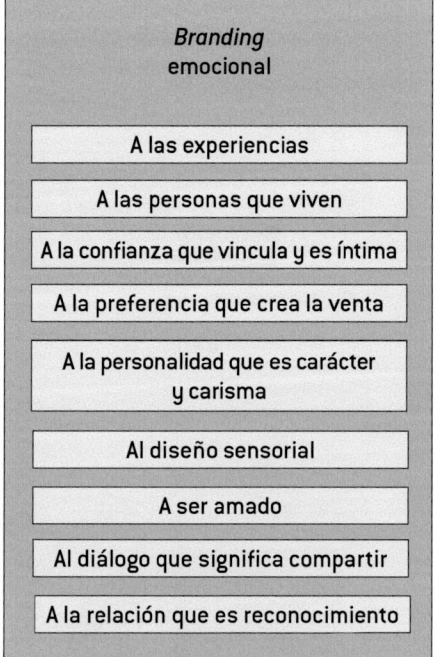

Branding tradicional	Branding emocional
Del producto	A las experiencias
De los consumidores que compran	A las personas que viven
De la honestidad que se espera	A la confianza que vincula y es íntima
De la calidad para un precio justo	A la preferencia que crea la venta
De la notoriedad	A la personalidad que es carácter y carisma
De la identidad que es reconocimiento	Al diseño sensorial
De la funcionalidad	A ser amado
De la comunicación que significa decir	Al diálogo que significa compartir
Del servicio que significa vender	A la relación que es reconocimiento

Figura 1.12. Del *branding* tradicional al *branding* emocional.
Fuente: http://matherea.com/branding-emocional/

Los medios sociales son una herramienta muy poderosa para realizar el *branding online*, por lo que son imprescindibles para los profesionales a la hora de realizar una buena estrategia para fortalecer la marca o crear comunidad alrededor de ella.

1.5.2. Instrumentos de comunicación según producto turístico local

Las empresas y destinos turísticos cuentan con una gran variedad de instrumentos para llevar a cabo su estrategia de comunicación. La utilización de uno u otro dependerá de varios factores:

- Características del producto, servicio o destino turístico.
- Ciclo de vida del producto, servicio o destino turístico.
- Tipo de mercado.
- Grado de implicación del comprador.

Los principales instrumentos que utilizan las empresas turísticas para sus estrategias de comunicación externa son las siguientes:

1.5.2.1. Publicidad

Es una forma de comunicación pagada, impersonal, para la que no existe respuesta por parte de quien la recibe. Está realizada por un patrocinador identificado y en ella se presentan ideas, bienes o servicios con el fin de informar, persuadir o aumentar las ventas o de recordar.

Aunque el gasto en publicidad de las empresas turísticas ha aumentado en los últimos años, su utilización sigue siendo escasa y sigue ocupando una posición discreta en el total del mercado publicitario.

> **Publicity no es publicidad**
>
> *Publicity* es la información acerca de la empresa que aparece en los medios de comunicación social, no como anuncios pagados, sino como comentarios, reportajes, críticas, etc.

La publicidad se relaciona con el ciclo de vida de los productos o servicios turísticos (Alonso, 2008). Así, los principales objetivos de la publicidad turística relacionados con el ciclo de vida de los productos y servicios son:

En la fase de introducción de productos y servicios:

- Dar a conocer el producto: en la fase de introducción o de renovación de productos se busca que el consumidor tome conciencia de la existencia y características del producto turístico.

En la fase de crecimiento:

- Obtener un buen posicionamiento del producto: se busca dar a conocer una imagen de marca que diferencie al producto de sus competidores frente a los receptores.

- Transmitir «calidad»: una cuidada estrategia de imagen puede convertirse en un indicador de calidad del producto que se anuncia.

- Tangilibilizar el producto: esta acción ayuda a disminuir la percepción de riesgo que el consumidor tiene al comprar al producto, debido al hecho de que el producto no existe hasta que se consume y que debe ser pagado previamente. Para disminuir esa sensación de riesgo se aconseja realizar varios tipos de promoción como catálogos, folletos, materiales audiovisuales, etc.

En la fase de madurez:

- Desmontar estereotipos: eliminar percepciones y creencias sobre el producto que pueden estar actuando como barreras psicológicas, frenando así su consumo.

- Desestacionalizar la demanda: evitar las pérdidas que se generan dado el carácter perecedero de los servicios turísticos. Se trata tanto de alargar las temporadas como de generar flujo de turistas en períodos inhabituales en las costumbres de la población.

- Resolución de problemas puntuales: con esta acción se pretende hacer frente a situaciones transitorias que afecten a la demanda turística.

1.5.2.2. Los folletos y catálogos turísticos

Tradicionalmente han sido una parte esencial de los procesos de comercialización en turismo, constituyendo la partida más importante de los presupuestos de marketing.

Sin embargo, en los últimos años ha descendido el número de folletos informativos, a la par que han aumentado exponencialmente las visitas a las webs y la interacción con los contenidos en medios sociales. A pesar de ello, siguen siendo relevantes como herramienta de promoción del mayorista, especialmente, cuando se trata de proveer información a agencia de viajes minoristas en el extranjero.

En 2013, Google realizó un estudio sobre el comportamiento de los turistas, en el que se refleja que los folletos quedan relegados a la quinta posición como fuente de inspiración, siendo familiares y amigos e internet los que ocupan los primeros lugares.

1.5.2.3. La promoción de ventas

Incluye el conjunto de actividades que, mediante la utilización de incentivos materiales o económicos, tratan de estimular la demanda a corto plazo.

Merchandising
Actividades en el punto de venta para estimular la compra.

Punto de venta es cualquier lugar en el que el oferente puede efectuar la venta de sus productos:

- En la venta a través de intermediarios: agencias de viajes, oficinas de información turística, páginas web de otras instituciones.

- En las ventas directas: las propias oficinas u otros medios (Internet, *call center*, central de reservas, etc.).

- En las ventas internas: recepciones, bares.

Pueden ir dirigidas a consumidores, intermediarios, prescriptores o vendedores.

Promoción a consumidores	
Objetivos	Acciones
Venta de capacidad excedente	Rebajas de precios
Cambiar el *timing*	Mas cantidad al mismo precio
Atraer y recompensar clientes fieles	Cupones, vales descuento
Estimular la prueba del producto	Productos complementarios gratuitos
Incrementar cuota	Concursos, regalos
Contrarrestar promociones competencia	Sistemas de fidelización
Promoción a intermediarios	
Objetivos	Acciones
Para asegurarnos su apoyo y que nos recomienden	Supercomisiones y primas
Asegurar la máxima exposición de nuestros folletos	Concursos y premios
	Publicidad cooperativa
	Material promocional en punto de venta
Para que conozcan mejor nuestra oferta	Recepciones y fiestas
	Fam trips

Promoción a vendedores	
Objetivos	Acciones
Conseguir esfuerzo adicional Recompensar esfuerzos especiales	Primas por objetivos Concursos y premios Distinciones Viajes
Promoción a prescriptores	
Objetivos	Acciones
Persona con capacidad para influir en la decisión del consumidor: profesor de golf, monitor de senderismo, etc. Conseguir que recomienden nuestro producto	Documentación Documentación técnica Obsequios Recepciones y fiestas *Fam trips*

En los últimos años, han surgido los *influencers* de viajes, que a través de sus blogs, fotos y vídeos en redes sociales, cuentan sus experiencias de viaje por el mundo. El marketing de *influencers* es utilizado por los destinos y las empresas turísticas para promocionar sus servicios, aprovechando el potencial que les otorga contar con un gran número de seguidores en sus redes sociales.

1.5.2.4. Relaciones públicas

Proporcionan información constante a intermediarios, comunidad local, turistas para conseguir que genere una imagen positiva y una actitud favorable hacia el destino a largo plazo (Bigné, Font y Andreu, 2000).

Es el proceso gracias al cual creamos una imagen positiva y una preferencia de marca mediante la intervención de un tercero. El uso creativo de los acontecimientos, publicaciones, acontecimientos sociales, relaciones en la sociedad y otras técnicas de relaciones públicas ofrece a las empresas una forma de distinguirse.

En la venta de un producto o servicio turístico suelen existir tres tipos de relaciones públicas:

- De imagen: para influenciar en la percepción que se tiene del producto turístico.

- De rutina: para mantener la relación de confianza con el mercado de origen a través de una presencia permanente en los medios de comunicación.

- De crisis: para cambiar la percepción que tienen los turistas de un destino, producto o servicio, por ejemplo, en desastres ecológicos o naturales para mejorar la imagen.

Para llevar a cabo las relaciones públicas las empresas cuentan con las siguientes herramientas:

- **Notas o comunicados de prensa**: comunicaciones breves sobre eventos o para combatir mala propaganda.

- **Aparición de personalidades**: conseguir que un personaje público esté dispuesto a aparecer públicamente o participar en actividades para atraer la atención de los medios de comunicación.

- **Boletines de noticias**: son equivalentes a los comunicados de prensa, pero aparecen periódicamente y van dirigidos a personas especializadas del sector.

- **Dossiers y otras publicaciones**: se envían para ayudar a los periodistas en la elaboración de reportajes.

- **Viajes de familiarización o *fam trips*:** son viajes gratuitos y estancias en el destino o instalaciones de la empresa. Se usan para tratar de influir positivamente sobre los intermediarios y periodistas o líderes de opinión y dar a conocer el producto turístico y sus características.

- ***Workshops*:** son jornadas o reuniones profesionales de trabajo que implican un contacto directo entre oferta (representantes de destinos turísticos o empresas) y demanda (representantes de organizaciones o empresas turísticas receptoras).

  Los *workshops* son encuentros organizados para estimular las relaciones comerciales, el más habitual en el sector turístico son los encuentros que organizan representantes de la oferta de un destino con los representantes de las agencias. (Osorio, 2009).

  Es una tendencia consolidada que dentro de las grandes ferias internacionales de turismo se crean espacios de encuentros paralelos para facilitar el contacto entre representantes de la oferta y de la demanda facilitando un contacto más directo.

1.5.2.5. El patrocinio

Consiste en la financiación y apoyo a determinadas personas u organizaciones o a la realización de determinadas actividades o eventos. Tiene por finalidad la promoción y crear una imagen positiva.

En el caso del turismo el patrocinio puede repercutir de forma directa e inmediata sobre la generación de negocio.

Ejemplo

Emirates es una aerolínea internacional de rápido crecimiento con una de las flotas más jóvenes en el cielo y más de 400 premios a la excelencia a nivel mundial, operando vuelos más de 130 destinos y 75 países diferentes.

Este gigante del aire opera en los 6 continentes y emplea a más de 50 000 personas de 160 nacionalidades diferentes, siendo un ejemplo de multiculturalidad y competitividad en todos los territorios donde opera. La compañía tiene su sede central en Dubai, Emiratos Árabes Unidos.

El compromiso de Emirates con el fútbol incluye al equipo más laureado del mundo: el Real Madrid. La compañía pasa a ser patrocinador principal del club en 2013, uniéndose al club dos años antes como patrocinador global y formando parte de una amplia estrategia de patrocinio que ha convertido a Emirates en una referencia inconfundible en el mundo del deporte. (http:// www.realmadrid.com/)

En turismo, suelen patrocinar las Administraciones públicas para enriquecer la oferta turística del destino y para la realización de acontecimientos que puedan dar notoriedad al destino.

Patrocinio, esponsorización y mecenazgo

Los términos «patrocinio» y «esponsorización» se usan indistintamente, aunque desde el punto de vista académico, la principal diferencia entre patrocinio y esponsorización la encontramos en el tipo de evento, persona o grupo al que hace referencia. El término esponsorización se utiliza, sobre todo, cuando se hace referencia a temas deportivos. En cambio, el término patrocinio hace referencia al resto. Cuando un patrocinio se realiza sobre un tema artístico/cultural suele llamarse mecenazgo.

Montserrat Peñarroya (2012)

1.5.2.6. Las ferias turísticas

Son una forma de presentación de productos que tienen lugar de forma periódica y de corta duración.

En el sector turístico la organización de ferias ha sido, sin duda alguna, la fuente más importante para lograr presencia y promoción en el sector.

La mayoría de ellas fueron diseñadas para que los vendedores, es decir, los proveedores turísticos (hoteles, líneas aéreas, alquileres de coches, etc.)

presenten su oferta a los vendedores (agencias de viajes e intermediarios) de sus productos. Con el tiempo han sido los destinos turísticos los que se han organizado presentado la oferta de su territorio en los denominados pabellones.

Permiten establecer contactos personales entre los distintos colectivos implicados: turoperadores, oferentes de productos turísticos, agencias de viajes, organismos, etc.

Son un instrumento promocional más al servicio de las empresas y destinos. La participación en ferias y eventos constituye una forma de presentación y venta de corta duración, y además es fundamental para la creación de imagen de un destino turístico.

Aunque las cifras de asistencia en ferias muestran que siguen siendo un instrumento importante en turismo, últimamente existen ciertas dudas sobre su eficacia. Algunas de las principales razones son:

- Despilfarro de recursos.
- No tienen un impacto inmediato y positivo sobre las ventas.
- Son un instrumento «para ver y ser visto».

A favor:

- Ofrecen información sobre la competencia.
- Son un punto de encuentro entre la oferta y la demanda.
- Se encuentra la mejor información sobre el sector.
- Son el mayor centro neurálgico para poder intercambiar opiniones y tendencias.

Aunque las ferias turísticas precisan una revisión total en su estrategia para volver a ser competitivas, siguen siendo una de las herramientas de comunicación imprescindibles para las empresas y destinos turísticos.

Ejemplo

La Feria Internacional de Turismo (FITUR), que tiene lugar cada año en Madrid, se encuentra entre las más importante del mundo. Además de la exposición, fomenta foros para intercambiar ponencias y puntos de vista sobre las últimas tendencias en turismo, como las tecnologías, el futuro de la industria o la sostenibilidad.

1.5.3. Estrategias de comunicación *online*

La comunicación *online* consiste en el intercambio de mensajes a través de las distintas plataformas que ofrece internet y tiene ciertas características que hacen que requiera un enfoque especial.

Se trata de una comunicación compleja, como consecuencia de las siguientes características, descritas por Estrella Jamarillo (2015) y Emmanuel (2015):

- La comunicación *online* es bidireccional. Se trata de una conversación entre la empresa y sus grupos de interés.

- Es continua y rápida, se produce a lo largo de las 24 horas del día y a una velocidad asombrosa.

- Es dinámica y multiformato. Se comunica no solo con texto, también con audios, imágenes y vídeos.

- Es multiplataforma. Debe estar adaptada a distintos dispositivos: ordenador, *tablets, smartphones*, etc. El consumidor es multitarea, utilizando simultáneamente un *smartphone*, una *tablet*, el ordenador o la televisión. Esto supone que las empresas deben diseñar acciones de comunicación integradas en múltiples medios y soportes.

1.5.3.1. Los medios sociales

Son medios de comunicación social en los que la información es creada por los propios usuarios gracias a plataformas web participativas.

A través de los medios sociales se pueden compartir textos, imágenes, vídeos, audios, chatear o mantener videoconferencias.

¿Medio social o red social?
Coloquialmente, llamamos red social a los medios sociales pero, ¿son lo mismo? El medio social es la herramienta que nos permite crear una red social. Facebook es un medio social, la red social se crea cuando dos o más usuarios interactúan entre sí en dicha plataforma.

Los medios sociales se agrupan en diferentes tipologías.

Medios sociales indirectos

Se caracterizan por la existencia de un usuario o grupo de usuarios que controlan y dirigen la información y moderan los comentarios. No se comparten perfiles por lo que no se crea comunidad.

Medios sociales directos horizontales

Son comunidades sobre temas generales. En estos medios sociales los usuarios comparten sus perfiles e información, pueden controlar lo que publican y comparten, y pueden gestionar su perfil y la relación que tienen con otros usuarios.

Medios sociales directos verticales

Son comunidades sobre temas concretos. En estos medios sociales los usuarios comparten sus perfiles e información, pueden controlar lo que publican y comparten y pueden gestionar su perfil y la relación que tienen con otros usuarios.

Además, los medios sociales pueden ser de ámbito personal o profesional. En las siguientes tablas se muestran los medios sociales más utilizados para la comercialización y promoción de servicios y productos turísticos:

MEDIOS SOCIALES INDIRECTOS	
Blogs	Página web, generalmente de carácter personal, con una estructura cronológica (por eso se llama también bitácora, diario o *weblog*) que se actualiza regularmente y que se suele dedicar a tratar un tema concreto. Permiten comentarios de los lectores.
Foros	Un foro de Internet es un sitio de discusión *online* donde las personas publican mensajes alrededor de un tema, creando de esta forma un hilo de conversación jerárquico.
Videoblogs	Es una galería de clips de vídeo, ordenada cronológicamente, publicados por uno o más autores. El autor puede autorizar a otros usuarios a añadir comentarios u otros vídeos dentro de la misma galería.

MEDIOS SOCIALES DIRECTOS HORIZONTALES	
Facebook / QQ	Es la red social más popular en prácticamente todo el mundo, salvo en China cuyo equivalente es QQ. Sin embargo, los jóvenes apenas la utilizan.
Twitter / weibo	Servicio de mensajería con un máximo de 280 caracteres por mensaje. Weibo es el equivalente chino de Twitter. Se ha convertido en un medio popular para comunicar noticias de última hora, leer titulares cortos y comunicarse directamente con la audiencia en tiempo real.
Instagram	Sirve para compartir fotos y vídeos. Es de las más populares entre los adolescentes y los jóvenes. Su uso disminuye gradualmente con la edad.
YouTube	Es un sitio web en el cual los usuarios pueden subir y compartir vídeos. Actualmente es el segundo motor de búsqueda más popular del mundo, justo detrás de Google.
WhatsApp	Aplicación de mensajería sin pagar.
LinkedIn	Es un medio social del ámbito de los negocios. Se ha consolidado como uno de los principales recursos para encontrar oportunidades de empleo, hacer contactos y para la promoción profesional.
TikTok	Es una plataforma de origen chino que permite crear y compartir vídeos. En 2018 se fusionó con Musical.ly y es una de las redes con el mayor flujo de usuarios jóvenes, disponible en 39 idiomas.
Twitch	Es un servicio de *streaming* que permite retransmitir contenido en directo. Es muy popular entre la comunidad de usuarios de videojuegos.

MEDIOS SOCIALES DIRECTOS VERTICALES	
Tripadvisor	Es el medio social de viajes que tiene más alcance mundial. Ofrece consejos de otros viajeros, una amplia variedad de opciones de viaje y funciones de planificación que permiten buscar hoteles. Permite identificar los establecimientos que han sido respaldados y recomendados por las opiniones de los usuarios.
	Dado el alcance y el impacto global de los comentarios en esta red, todas las empresas y organizaciones turísticas deberían seguir y gestionar las opiniones, tanto positivas como negativas, que sobre ellas aparezcan en esta red.
Foursquare	Permite descubrir o evitar lugares, hoteles, restaurantes, o para seguir los consejos de otros usuarios. Además, permite dejar rastro del recorrido realizado durante el viaje y de lo que nos han parecido los lugares que visitados.
Minube	Permite aumentar la visibilidad de las marcas frente a una comunidad de usuarios muy grande donde comparten sus experiencias de viaje: las rutas turísticas, imágenes, los mejores sitios donde comer, la valoración del alojamiento, etc., y encontrar ideas para los próximos viajes. Es un medio de comunicación especialmente interesante para los restaurantes, hoteles, casas rurales o empresa de actividades relacionadas con el turismo.
Tripsbook.com	Red social destinada a los más viajeros, donde pueden geoposicionar los viajes que realizan mediante Google Maps. Entre sus funciones, permite añadir fotos, vídeos y experiencias a modo de bitácora, como también consultar las estadísticas de los viajes realizados.

Tabla 1.3. Tipología de medios sociales.

MAPA CONCEPTUAL

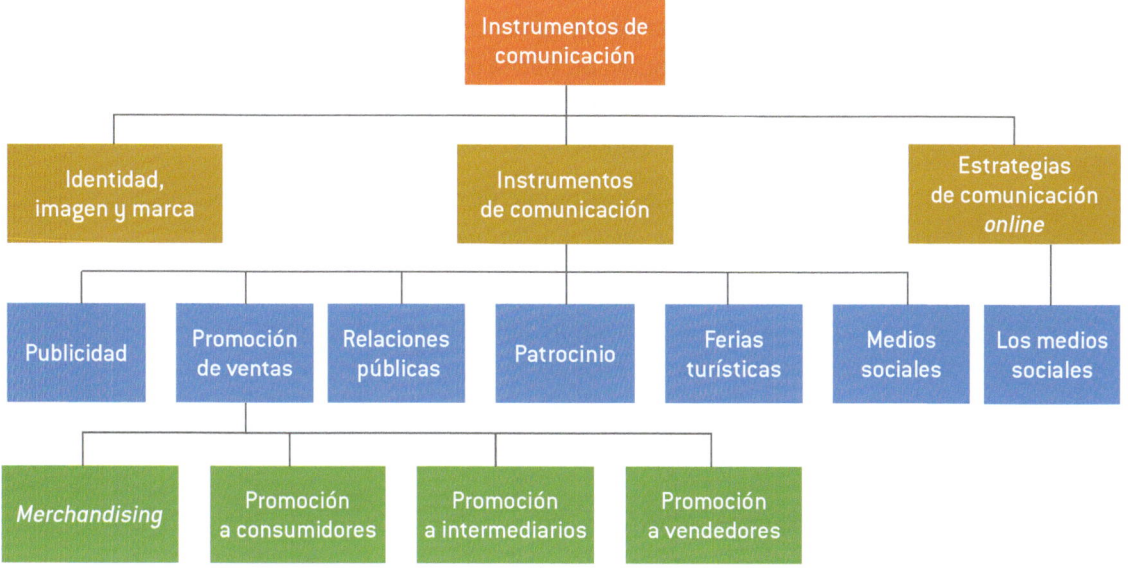

RESUMEN DE CONTENIDOS

Imagen de marca es la percepción que tenemos sobre lo que proyecta hacia el exterior una marca concreta.

Identidad de marca es el conjunto de elementos característicos que construyen nuestra marca y que podemos crear y gestionar mediante el *branding*.

El *branding* consiste en realizar acciones encaminadas a construir una imagen de marca o bien fortalecerla de cara al resto de los usuarios.

La comunicación puede definirse como la transmisión de información del vendedor al comprador, cuyo contenido se refiere al producto o a la empresa que lo fabrica o vende, y es realizada a través de distintos medios, personales e impersonales, y cuyo fin último es estimular la demanda (Santesmases, 2007). Los fines de la promoción son principalmente tres:

i)   Informar. Comunicar la existencia del producto, características y ventajas del mismo, y necesidades que satisface.

ii) Persuadir. Trata de convencer al cliente potencial de los beneficios que le reporta el producto.

iii) Recordar.

Las empresas y organizaciones turísticas cuentan con diversos instrumentos de comunicación:

- La venta personal es una forma de comunicación oral e interactiva, mediante la cual se transmite información de forma directa y personal a un cliente potencial específico y se recibe, de forma simultánea e inmediata, respuesta del destinatario de la información.

- La promoción de ventas incluye el conjunto de actividades que, mediante la utilización de incentivos materiales o económicos, tratan de estimular de forma directa e inmediata la demanda a corto plazo de un producto.

- Las relaciones públicas consisten en un conjunto de actividades, que incluyen las relaciones con la prensa, el cuidado de la imagen y el patrocinio.

  — **Notas o comunicados de prensa**: comunicaciones breves sobre eventos o para combatir mala propaganda.

  — **Aparición de personalidades**: conseguir que un personaje público esté dispuesto a aparecer públicamente o participar en actividades para atraer la atención de los medios de comunicación.

  — **Boletines de noticias**: son equivalentes a los comunicados de prensa, pero aparecen periódicamente y dirigidos a personas especializadas del sector.

  — **Dossiers y otras publicaciones**: se envían para ayudar a los periodistas en la elaboración de reportajes.

  — **Viajes de familiarización o** *fam trips*: son viajes gratuitos y estancias en el destino o instalaciones de la empresa.

  — *Workshops:* son jornadas o reuniones profesionales de trabajo que implican un contacto directo entre oferta (representantes de destinos turísticos o empresas) y demanda (representantes de organizaciones o empresas turísticas receptoras).

- El **patrocinio** consiste en la financiación y apoyo a determinadas personas u organizaciones o a la realización de determinadas actividades o eventos.

- Las **ferias turísticas**. Son una forma de presentación de productos que tienen lugar de forma periódica y de corta duración.

- La publicidad es toda transmisión de información impersonal y remunerada, efectuada a través de los medios de comunicación de masas. Se caracteriza, al contrario de la *publicity,* porque se paga.

La comunicación *online* consiste en el intercambio de mensajes a través de las distintas plataformas que ofrece Internet y tiene ciertas características que hacen que requiera un enfoque especial.

GLOSARIO

Branding. Es el proceso de construcción de una marca.

Identidad de marca. El conjunto de elementos característicos que construyen una marca.

Imagen de marca. Cómo percibe el público una determinada marca.

Marca. Es la señal comercial de los bienes y servicios que ofrece una empresa y los diferencia de los de la competencia.

Mecenazgo. Financiación y apoyo a actividades, personas y eventos culturales.

Merchandising. Actividades en el punto de venta para estimular la compra.

Patrocinio. Financiación y apoyo a actividades, personas y eventos.

Publicidad. Es una forma de comunicación pagada, impersonal, para la que no existe respuesta por parte de quien la recibe.

Viajes de familiarización. Son viajes gratuitos y estancias en el destino o instalaciones de la empresa.

Workshops. Son jornadas o reuniones profesionales de trabajo.

ACTIVIDADES DE APLICACIÓN

Analizar la información acerca de una compañía aérea que aparece en los medios de comunicación social, no como anuncios pagados, sino como comentarios, reportajes, críticas, etc. ¿Qué tipo de imagen ofrece de la empresa? ¿Es positiva o negativa?

AUTOEVALUACIÓN

1. De los siguientes elementos, ¿cuál es considerado un componente de la marca?

   a) El precio.

   b) El logotipo.

   c) La etiqueta.

   d) La calidad.

2. Cuando una empresa patrocina un evento cultural, estaría llevando a cabo una actividad de:

   a) Marketing directo.

   b) Promoción de ventas.

   c) Publicidad.

   d) Relaciones públicas.

3. ¿Cuál de los siguientes NO es uno de los objetivos de la estrategia publicitaria?

   a) Informar sobre el producto.

   b) Persuadir a la compra.

   c) Crear necesidades.

   d) Recordar la existencia del producto.

4. El objetivo de una _____ es ofrecer al consumidor un incentivo para la compra o adquisición de un producto o servicio a corto plazo, lo que se traduce en un incremento puntual de las ventas.

   a) Oferta.

   b) Propaganda.

   c) Promoción.

   d) Feria.

5. *Fam Trip* y *workshop* son dos conceptos que se refieren a la misma herramienta de comunicación.

6. Indica cuál de las siguientes opciones se corresponde con una herramienta fundamental de la comunicación en turismo:

   a) *Fam Trips*.

   b) Segmentación.

   c) Investigación de mercados.

   d) *Branding*.

7. Una agencia de viajes ofrece a todos los clientes que reserven sus viajes con ellos, la posibilidad de participar en un sorteo para otro viaje. Estamos hablando de una estrategia de:

   a) Relaciones públicas.

   b) Promoción de ventas.

   c) Patrocinio.

   d) Venta personal.

8. Rellena los espacios con los conceptos que se definen en cada frase:

Los _____ son estancias en el destino o instalaciones de la empresa.

En la _____ se transmite información de forma directa y personal a un cliente potencial específico.

Las _____ consisten en un conjunto de acciones para conseguir que genere una imagen positiva y una actitud favorable hacia el destino a largo plazo.

El _____ consiste en la financiación y apoyo a determinadas personas u organizaciones o a la realización de determinadas actividades o eventos.

Las _____ son una forma de presentación de productos que tienen lugar de forma periódica y de corta duración.

En la _____ se utilizan incentivos materiales o económicos para estimular de forma directa e inmediata la demanda a corto plazo de un producto.

Las _____ son comunicaciones breves sobre eventos o para combatir mala propaganda.

Los _____ son jornadas o reuniones profesionales de trabajo que implican un contacto directo entre oferta y demanda.

La _____ es toda transmisión de información impersonal y remunerada, efectuada a través de los medios de comunicación de masas.

1.6. Planificación, control de acciones de comunicación y organización de eventos promocionales

Comunicación en marketing (Kotler, 2012)

Es aquella comunicación persuasiva en la que la empresa prepara conscientemente sus mensajes y utiliza los canales más adecuados para ejercer un efecto calculado sobre la actitud o comportamiento de un público específico.

1.6.1. Planificación de la comunicación

El desarrollo de un plan de comunicación y promoción conlleva las siguientes fases y decisiones:

1.6.1.1. Identificar el público objetivo

Se trata de definir el público al que la empresa quiere llegar. Para crear una comunicación eficaz es muy importante comprender el público al que nos vamos a dirigir, esto es, nuestra audiencia.

1.6.1.2. Determinar los objetivos de la comunicación

Los objetivos del plan de comunicación coinciden con alguna de las etapas del consumidor de acuerdo con el Modelo AIDA, que consta de cuatro fases:

- **Atención**, reconocimiento o conocimiento de nuestro producto o servicio.

- **Interés**, de nuestro producto o servicio frente a otros.

- **Deseo**, convencimiento necesario para comparar el producto o servicio.

- **Acción**, realizar la compra.

1.6.1.3. Desarrollo del mensaje

En esta fase, tan importante es diseñar el contenido como la estructura del mensaje.

> **Storytelling: la comunicación interpretativa**
> Es la comunicación, a menudo por improvisación o embellecimiento, de eventos, a través de palabras, imágenes y sonidos. (Joantxo Llantada)

En la era digital, el *storytelling* sería la capacidad de contar relatos a través del *rich media* y las herramientas 2.0.

> **Rich media**
> Es un término que se usa en el mundo de la publicidad digital para describir los anuncios con funciones avanzadas como vídeo, sonido u otros elementos que atraen a los espectadores y consiguen que estos interactúen con el contenido.

El «contador de historias» cuenta y comunica mensajes captando la atención de la audiencia, relatando historias con un estilo único y diferencial y guiándose por una idea eje a lo largo de su relato. Quien lo escucha puede identificarse con las historias contadas, emocionarse y crear vínculos afectivos a partir de ese relato. Y como hemos indicado al hablar de marketing emocional, la emoción es un ingrediente básico cuando estamos hablando de crear experiencias turísticas.

Son muchos los ejemplos de *stoyrytelling* aplicados al turismo que encontramos en los medios sociales. Normalmente, los formatos que mejor funcionan buscan promover la interacción e involucrar a los seguidores o fans a través de preguntas directas, juegos, concursos o sorteos, con el objetivo de que creen contenido.

1.6.1.4. Determinar los instrumentos de comunicación

Como ya hemos indicado en el punto anterior, las empresas y destinos turísticos cuentan con una gran variedad de instrumentos para llevar a cabo su estrategia de comunicación, cuya utilización dependerá de varios factores:

- Características del producto, servicio o destino turístico.

- Ciclo de vida del producto, servicio o destino turístico.

- Tipo de mercado.

- Grado de implicación del comprador.

1.6.1.5. Determinar el presupuesto de comunicación

Se debe determinar el coste de cada una de las acciones planteadas. Las empresas cuentas con diferentes métodos para calcular su presupuesto.

- Métodos de recursos disponibles: en este caso, se dedicará a las estrategias de comunicación lo que se pueda.

- Método del porcentaje de ventas: se destina a comunicación un porcentaje de las ventas, por lo que resulta fácil, ya que se basa en la disponibilidad de fondos, pero no en las oportunidades.

- Método de los objetivos y tareas: se trata de obtener la mayor consecución de objetivos al menor coste posible. Por lo tanto, parece que es el método más lógico.

1.6.2. Medición de los resultados de promoción. Control y seguimiento

De acuerdo con Wrobel (2015), son tres las herramientas que deben integrar los mecanismos de control, para asegurar que el plan se realice correctamente: los controles operativos, el calendario de ejecución y los resultados.

1.6.2.1. Controles operativos

Se refiere a los controles relativos a la preparación y ejecución de las diferentes actividades operativas de todo plan de comunicaciones. Las herramientas que se utilizan son múltiples y acordes con cada fase del plan.

Un elemento de control ineludible es el presupuesto, que usualmente tiene objetivos y plazos para la asignación de los fondos que deben respetarse.

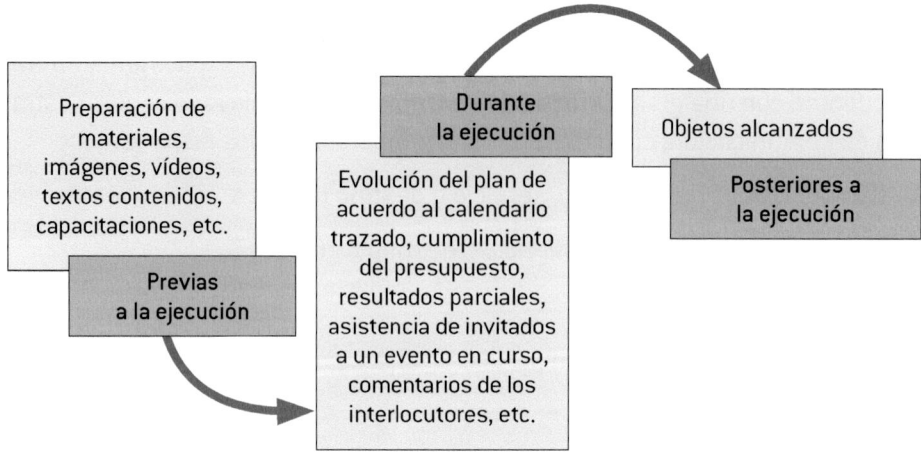

Figura 1.13. Variables de los controles operativos según las fases del plan de comunicación. Elaboración propia a partir de Wrobel (2015).

1.6.2.2. Calendario

El calendario es la herramienta necesaria para organizar, coordinar, sincronizar y generar sinergia entre los diferentes planes y acciones tácticas. Es fundamental, independientemente de la duración del propio plan, ya que permite ordenar las diferentes actividades que se van a seguir, la secuencia y la relación entre algunas tareas, esto es, cuál debe terminarse para comenzar la siguiente.

1.6.2.3. Medición de resultados

Medir para valorar. No se puede gestionar aquello que no se puede cuantificar. Por ello, es muy importante medir todo lo relativo al plan de comunicación para poder calcular el denominado Retorno de la Inversión (ROI).

Un buen análisis del ROI de comunicación, que nos permita analizar si nuestra estrategia ha sido eficaz o no, deberá incluir cuestiones como el volumen de los mensajes, dónde y cómo aparecen, las oportunidades de comunicación generadas, o si hemos logrado o no un cambio de opinión y/o de actitud de los consumidores.

Un plan de comunicación tiene dos tipos de elementos que darán lugar, a su vez, a dos tipos de mediciones: los elementos tangibles darán lugar a una medición cuantitativa y los elementos intangibles a una medición cualitativa.

La medición cuantitativa incluirá elementos como el número de artículos que se han publicado; el número de apariciones en prensa o el impacto en medios sociales. La medición cualitativa deberá utilizar la técnica más apropiada para conocer si nuestro plan ha conseguido alcanzar los objetivos perseguidos.

1.6.3. Organización de eventos promocionales

Los eventos promocionales se organizan con el objetivo de promocionar determinados productos o servicios, o, en su mayoría, para campañas de comunicación y de marca.

El evento es la herramienta por excelencia en cualquier estrategia de marketing experiencial. El objetivo pasa por integrar la marca en la vida de las personas, hacerlos participar, involucrarles de forma memorable y no interrumpir. Tienen la capacidad de poner en valor y desarrollar una de las máximas conceptuales del marketing experiencial: «El consumidor olvidará lo que dijiste, lo que hiciste, pero el consumidor nunca olvidará cómo le hiciste sentir» (Cantero, 2013).

Los eventos de empresas son una herramienta cada vez más utilizada por las empresas turísticas, entre otras, por las siguientes razones:

*   Permiten ofrecer experiencias significativas y conexiones directas entre la marca y los clientes.

*   Son el medio más personal de marketing directo. A través de internet podemos personalizar la oferta pero no hay nada que permita una relación más estrecha que el contacto personal, el estar cara a cara entre la empresa y los clientes en un evento.

*   Son cuantificables y, por lo tanto, susceptibles de determinar exactamente su ROI.

*   Podemos controlar la audiencia.

*   Son muy interesantes para lanzamientos de nuevos productos o servicios o para dar a conocer un destino.

Masterman & Wood (2008) identifican los siete atributos necesarios para que un evento tenga éxito como herramienta de marketing, conocidos como las 7 Íes:

*   **Involucrar** al público objetivo de forma emocional en la realización y desarrollo del evento y de la experiencia del evento.

*   **Interacción**: es necesario conseguir una interacción positiva entre el público objetivo y la marca, con otros asistentes, con las exhibiciones y actividades, y con los productos y servicios.

*   **Individualidad**: cada persona es un mundo, y sus gustos pueden ser variados. Por eso cada persona asistente al evento vivirá una experiencia di-

ferente. Hay que conseguir con el evento que para cada uno de ellos esta experiencia vivida en el acto sea auténtica y única, y para ello es fundamental personalizar los mensajes.

- **Inmersión**: el público debe estar totalmente concentrado en el evento, en el mensaje que le pretende transmitir la marca. Debe participar en la experiencia del evento emocionalmente y con todos los sentidos.

- **Intensidad**: el evento tiene que generar en cada uno de los asistentes experiencias únicas, auténticas, y de un alto impacto emocional, que el cliente recuerde.

- **Innovación**: es imprescindible innovar, y aportar un toque de originalidad en cada uno de los elementos del evento, a la hora de fijar la fecha, la hora, determinar la ubicación, el contenido, el mensaje, etc.

- **Integridad**: los asistentes al evento deben percibir este acto como algo que aporta valor y beneficios reales, no solo como un acto sin más. Deben creer que asistir al evento les va a aportar algo útil, información de valor.

Ejemplo

Icarion, el operador de grandes viajes del grupo World2Meet (W2M), que a su vez es la división de viajes del grupo Iberostar, realiza una estrategia de eventos promocionales de los diferentes destinos que ofrece.

«Workshop del Índico», es un evento realizado en diferentes ciudades españolas en el que se presenta un recorrido por las islas más populares del océano Índico como son Mauricio, Seychelles, Maldivas y Zanzíbar. Cuatro destinos en medio del océano espectaculares en los que solo hay que dejarse cautivar por su entorno, su gastronomía y sus hospedajes de lujo perfectos para vivir unas excelentes vacaciones en pareja o un viaje de bodas único y, por supuesto, desconectar de la rutina.

Figura 1.14. Maldivas.

En estas jornadas de trabajo se reúne a los agentes de viajes minoristas locales con los proveedores de las islas, como hoteles independientes, cadenas hoteleras, DMOs y compañías aéreas, y con Icárion como nexo de unión, permitiendo a los agentes de viajes minoristas conocerlos personalmente. Esta acción de networking *culmina con un cóctel.*

Figura 1.15. Foto reunión.

MAPA CONCEPTUAL

- Planificación de comunicación
  - Plan de comunicación
    - Público objetivo
    - Objetivos
    - Mensaje
    - Instrumentos
    - Presupuesto
    - Control y seguimiento
  - Eventos promocionales

RESUMEN DE CONTENIDOS

Todo plan de comunicación comienza definiendo el público objetivo, esto es, a quién vamos a dirigir esta comunicación.

La segunda fase consiste en definir los objetivos. Tenemos que tener claro qué nos proponemos conseguir con las actividades de comunicación que queremos llevar a cabo. Es importante definir claramente los objetivos para poder evaluar el éxito de la campaña.

A continuación, se ha de se ha de decidir cuál es la idea que se quiere transmitir.

La cuarta fase consiste en conocer de qué financiación disponemos para cada acción concreta y también, qué recursos humanos será preciso dedicarle a la campaña de comunicación.

La quinta fase hace referencia a los canales a través de los cuales haremos nuestra comunicación.

Terminamos con la puesta en marcha y control de las acciones de comunicación acometidas. Los mecanismos de control más habituales para asegurar que el plan se realice correctamente son los controles operativos, el calendario de ejecución y los resultados.

Los eventos promocionales se organizan con el objetivo de promocionar determinados productos o servicios, o en su mayoría para campañas de comunicación y de marca.

El evento es la herramienta por excelencia en cualquier estrategia de marketing experiencial. El objetivo pasa por integrar la marca en la vida de las personas, hacerlos participar, involucrarles de forma memorable y no interrumpir.

Los siete atributos necesarios para que ese evento tenga éxito como herramienta de marketing, conocidos como las 7 Íes: Involucrar; Interacción; Individualidad; Inmersión; Intensidad; Innovación; Integridad.

GLOSARIO

Retorno de inversión (ROI). Es una de las principales métricas utilizadas en marketing para calcular la rentabilidad de una campaña o acción concreta.

Storytelling. Es la comunicación de eventos, a través de palabras, imágenes y sonidos de la empresa.

AUTOEVALUACIÓN

1. Ordena las fases del plan de comunicación:

    ___ Pensar cuál es la idea que queremos transmitir.

    ___ Fijar el presupuesto con el que contamos.

    ___ Decidir a quién vamos a dirigir nuestra comunicación.

    ___ Ejecutar el plan de medios y medir su impacto.

    ___ Seleccionar los medios apropiados y su frecuencia de utilización.

    ___ Determinar qué queremos conseguir, cuáles son nuestros objetivos.

2. Si un plan de comunicación tiene bien definidos sus objetivos, es garantía de éxito y, por lo tanto, no es necesaria la medición de las acciones del plan.

    a) Verdadero.

    b) Falso.

3. La elección del medio de comunicación depende de:

    a) El ciclo de vida del producto.

    b) Características del servicio.

    c) La implicación del comprador.

    d) Todas son correctas.

4. Los eventos promocionales se incluyen dentro de:

    a) Relaciones públicas.

    b) Publicidad.

    c) Marketing directo.

    d) Ninguna de las opciones anteriores es correcta.

5. Los eventos promocionales son una herramienta de marketing experiencial.

    a) Verdadero.

    b) Falso.

1.7. Plan de marketing. Viabilidad y plan de ejecución

Plan de marketing (Kotler, 2012)

Documento escrito que relaciona los objetivos, las estrategias y los planes de acción con los elementos del marketing mix de una organización.

El Plan de marketing define un escenario futuro para el que se desarrollan diferentes acciones, que tendrán que cumplir con los objetivos establecidos.

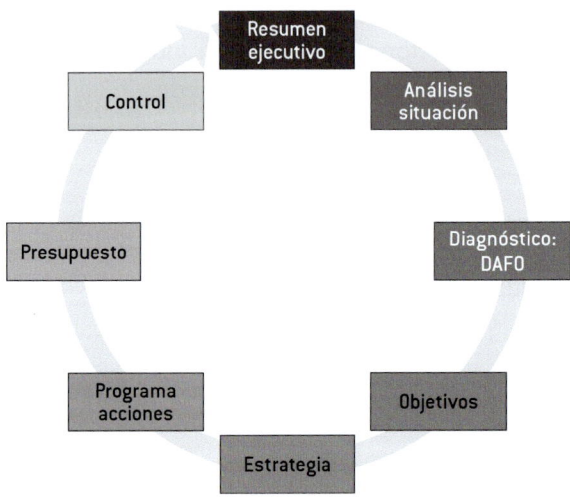

Figura 1.16. Fases del plan de marketing.

El proceso de planificación de la estrategia comercial puede resumirse en tres preguntas clave, que indican, cada una de ellas, una fase fundamental del desarrollo del proceso. Estas preguntas clave son:

¿Dónde estamos? / ¿A dónde queremos ir? / ¿Cómo llegaremos allí?

Figura 1.17. Resumen de preguntas del plan de marketing.

La respuesta a la primera pregunta requiere hacer un **análisis de la situación**, tanto interna como externa, de los recursos y capacidades de la propia empresa, del mercado, la competencia, y entorno con el fin de determinar las oportunidades y amenazas, así como los puntos fuertes y débiles, tanto propios como de la competencia.

La respuesta a la segunda pregunta supone una **definición de los objetivos** que pretende alcanzar la organización.

La respuesta a la última pregunta supone la determinación de los medios necesarios y el desarrollo de **acciones o estrategias** a seguir para alcanzar los objetivos.

Vamos a describir cada una de las fases del proceso de planificación.

1.7.1. Análisis de la situación: empresa, mercado y entorno

Lo primero que hay que hacer es un estudio para conocer cuál es la situación de partida de la empresa. Para ello, se debe comenzar con la definición de qué es la propia empresa y de cuál es su producto-mercado. A continuación, debe procederse a realizar un análisis externo (del entorno, del mercado, de la competencia, de los intermediarios y de los suministradores) y un análisis interno de los recursos y capacidades de la propia empresa.

En la definición de la empresa y del mercado—producto, la empresa debe responder a las siguientes preguntas:

- ¿Cuál es la misión de la empresa? La historia de la empresa delimita una cultura, un modo de hacer específico que condiciona las actuaciones presentes.

- ¿En qué negocio está la empresa? El negocio debe definirse teniendo en cuenta los clientes a los que sirve, las necesidades que se satisfacen, y la tecnología que permite producir los bienes o servicios ofrecidos.

- ¿Cuál es el producto o servicio que se vende? El producto y la marca de la empresa, por modelos, tamaños o versiones.

- ¿A qué mercado sirve? ¿Cuáles son los segmentos prioritarios?

Las necesidades, los deseos y la capacidad de compra son los factores que configuran el mercado. El análisis del mercado implica la determinación de diversos aspectos del mismo como su tamaño, su potencial, la estructura del consumo y la capacidad de compra de sus integrantes, los distintos segmentos que lo componen, la evolución de la demanda, su elasticidad.

La empresa tiene que analizar los cambios en el entorno para saber si constituyen amenazas u oportunidades, en sus aspectos cultural, demográfico, económico, político, social, legal y tecnológico. Así la empresa podrá saber qué elementos le afectan y cómo. Este análisis suele realizarse a través de la herramienta PESTEL. Es un método descriptivo usado para conocer el contexto de una empresa. Analiza los aspectos Políticos, Económicos, Socioculturales, Tecnológicos, Ecológicos y Legales.

Una **amenaza** es toda fuerza del entorno que impide la implantación de una estrategia.
Ejemplo. Puede consistir en la aparición de un nuevo producto de un competidor, o el ataque terrorista, un aumento del coste del combustible para las compañías aéreas o una reducción de la tasa de natalidad.
Una **oportunidad** es todo aquello que pueda suponer una ventaja competitiva para la empresa o represente una posibilidad para mejorar la rentabilidad o la cifra de sus negocios.
Ejemplo. Un avance tecnológico, la expansión del mercado o la utilización de nuevos canales de distribución.

En el análisis de la competencia la empresa debe identificar los competidores actuales y potenciales, quiénes son, cuál es su estructura y cómo evolucionan; identificar los objetivos de los competidores: cómo actúan y cómo afectan sus decisiones a nuestra empresa; establecer los puntos fuertes y débiles de la competencia; y conocer el sector empresarial en el que se ubique nuestra empresa: la estructura (características de las empresas que conforman el sector, número y tipo de clientes, asociaciones, organizaciones, etc.); la tecnología y las barreras de entrada. Para completar este análisis, una herramienta muy utilizada es «Las 5 fuerzas de Porter». El modelo establece un esquema que lleva a la empresa analizar la competencia que le rodea considerando cinco fuerzas competitivas:

- *Poder de negociación de los clientes.* Se refiere a la capacidad del cliente o comprador para negociar el precio de un producto o servicio.

- *Poder de negociación de los proveedores.*

- *Amenaza de nuevos competidores.* Es la dificultad de entrar a una determinada industria como competidor.

- *Amenaza de productos sustitutos.* Un producto sustitutivo consiste es un bien que puede ser usado o consumido en lugar de otro, de manera tal que es una alternativa a considerar por el cliente o usuario.

- *Rivalidad entre los competidores.* Cuando se realiza un esquema de las 5 fuerzas de Porter, esta fuerza suele estar en el centro. Y es que la rivalidad de los competidores es un resultado de las demás fuerzas.

Los **puntos fuertes** son las capacidades, recursos, posiciones alcanzadas y cualquier ventaja competitiva que para nosotros puede suponer una amenaza.

Los **puntos débiles** limitan o reducen su capacidad de desarrollo efectivo de la estrategia de la empresa.

El análisis de las propias capacidades y recursos debe hacerse a cuatro niveles: marketing, producción, financiación y general.

A partir de este análisis, la empresa determinará cuáles son sus puntos fuertes que le permiten tener una ventaja competitiva y cuáles son sus puntos débiles que suponen un obstáculo o riesgo para alcanzar sus objetivos. Todos estos elementos quedan reflejados en el DAFO de la empresa, que suele representarse como una matriz de 2x2, de manera que cada uno de los elementos se visualiza fácilmente.

1.7.2. Fijación de objetivos

Una vez que se ha analizado la situación y se han examinado los entornos externo e interno puede comenzar a desarrollar los objetivos generales y específicos para cada período, esto es, a dónde queremos llegar.

Los objetivos pueden ser muy diversos y no serán los mismos si se trata de una empresa privada o pública. La mayor parte de las empresas buscan más de un objetivo, entre los que se incluyen rentabilidad, crecimiento de las ventas, mejora de la cuota del mercado, disminución del riesgo, innovación, imagen, etc.

1.7.3. Selección de líneas estratégicas

Una vez que se han fijado los objetivos, se deben determinar las acciones o estrategias que es necesario llevar a cabo para lograr alcanzarlos. Estas estrategias tratarán de desarrollar ventajas competitivas en productos, mercados, recursos o capacidades que aseguren la consecución de tales objetivos.

Las estrategias para conseguir los objetivos fijados pueden ser muy diversas. Un mismo objetivo se puede conseguir con diferentes estrategias y las mismas estrategias no proporcionan siempre los mismos resultados, dependen de las condiciones del entorno.

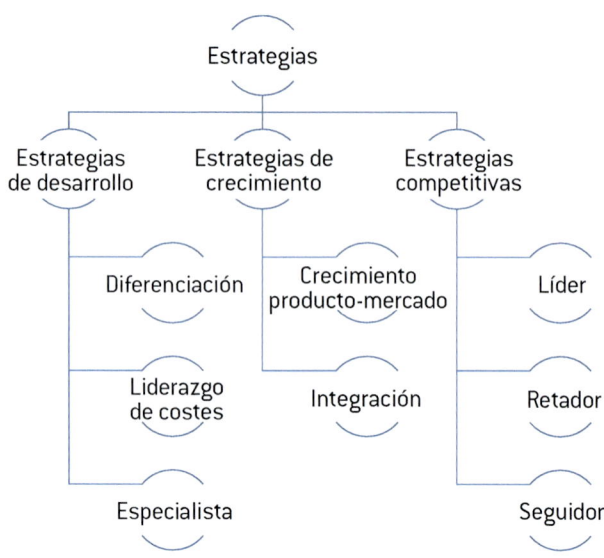

Figura 1.18. Posibles estrategias según los objetivos.

1.7.3.1. Estrategias de desarrollo de Porter

Este autor clasifica las estrategias en función de la ventaja competitiva perseguida (costes o diferenciación) y de la amplitud del mercado al cual se dirige la empresa (todo el mercado o tan solo algunos segmentos). De esta forma determina tres clases de estrategias:

		Ventaja estratégica	
Objetivos estratégicos	Nos dirigimos a todo el mercado	Exclusividad percibida por el cliente **Diferenciación**	Posición de coste bajo **Liderazgo en costes**
	Nos dirigimos a parte del mercado	**Especialización**	

Figura 1.19. Estrategias de desarrollo de Porter.

- Estrategia de líder de costes: en este caso, la empresa intenta conseguir los costes más bajos mediante la producción en gran escala de una oferta relativamente indiferenciada. Esto le permite beneficiarse de considerables economías de escala. Si lo consigue, su ventaja competitiva radicará en el hecho de poder ofrecer unos precios muy atractivos y menores que los de la competencia. Un claro ejemplo son las compañías aéreas de bajo coste.

- Estrategia de diferenciación: la empresa o destino trata de centrar sus esfuerzos en el desarrollo de determinados aspectos o atributos de su oferta, que son valorados por el mercado y que contribuyen a que esta sea percibida por los clientes como relativamente única, no exactamente comparable a la que puedan ofrecer otros competidores.

- Estrategia de especialización: la empresa se concentra en uno o varios segmentos concretos, en los cuales tiene, o puede tener algún tipo de ventaja competitiva. La compañía aérea Air Nostrum se ha especializado en viajes regionales.

1.7.3.2. Estrategias de crecimiento

Las empresas necesitan crecer si quieren ser competitivas y atraer talento. El objetivo de la empresa debe ser un crecimiento rentable. Las empresas cuentan con diferentes instrumentos para examinar su crecimiento.

Estrategias de crecimiento de Ansoff

En 1957, Igor Ansoff creó la matriz para identificar las formas estratégicas en que una empresa puede crecer. El autor clasifica las estrategias en función del producto ofertado (actual o nuevo) y del mercado (actual o nuevo), dando lugar a cuatro estrategias:

		Producto	
		Actual	Nuevo
Mercado	Actual	Incremento de la penetración del mercado	Desarrollo del producto
	Nuevo	Desarrollo del mercado	Diversificación

Figura 1.20. Estrategias de crecimiento de Ansoff.

- Estrategia de penetración en el mercado: consiste en incrementar la participación en los mercados en los que se opera con los productos actuales, esto es, se trata de vender más a los clientes actuales.

- Estrategia de desarrollo del mercado: el foco de esta estrategia es alcanzar a segmentos que no son clientes de la empresa, manteniendo los productos actuales. Puede conseguirse, por ejemplo, entrando en mercados geográficos nuevos o utilizando canales de distribución complementarios a los actuales que permitan la captación de nuevos segmentos del mercado.

- Estrategia de desarrollo del producto: la empresa puede lanzar nuevos productos que sustituyan a los actuales o desarrollar nuevos modelos que supongan mejoras o variaciones sobre los actuales. Esta estrategia está siendo desarrollada por las empresas de alojamiento que tradicionalmente se centraban exclusivamente en el servicio de alojamiento y, en la actualidad, ofrecen, otros servicios complementarios como gimnasio, spa o golf.

- Estrategia de diversificación: tienen lugar cuando la empresa desarrolla, de forma simultánea, nuevos productos y nuevos mercados.

Estrategias de crecimiento por integración

En ocasiones la penetración de mercado se hace casi imposible o muy limitada, entonces las empresas deciden adquirir nuevas sociedades que se dediquen o tengan relación directa con nuestros negocios actuales. El crecimiento integrado consiste en crecer en el mismo sector donde la empresa opera mediante una integración hacia adelante, hacia atrás u horizontal.

- Estrategia de crecimiento integrado hacia atrás: supone la adquisición de empresas proveedoras.

- Estrategia de crecimiento integrado hacia delante: supone la adquisición de empresas que distribuyen o venden productos tanto para los consumidores como para su propio consumo.

- Estrategia de crecimiento integrado lineal u horizontal: consiste en adquirir empresas de la competencia.

1.7.3.3. Estrategias frente a la competencia (Kotler)

Este autor tiene en cuenta la actuación frente a la competencia y distingue cuatro tipos de estrategias:

- Estrategia de líder: el líder es el que ocupa una posición dominante reconocida por sus competidores.

- Estrategia de retador: el retador es el que no domina el mercado y quiere alcanzar o sustituir al líder. Para ello trata de incrementar su participación en el mercado mediante estrategias agresivas.

- Estrategia de seguidor: el seguidor es un competidor con una cuota de mercado reducida que alinea sus decisiones a las de la competencia. No ataca al líder, sino que coexiste con él para repartirse el mercado.

- Estrategia de especialista: el especialista es una pequeña empresa que se concentra en uno o pocos segmentos, pero no en la totalidad del mercado. Busca un «nicho» en el que pueda tener una posición de dominio y no sea atacado por la competencia.

1.7.4. Presupuestos

Puesto que el plan debe ser una guía de acción debe contener la información necesaria para que se sepa qué tareas hay que hacer, quién las debe hacer y cuánto van a costar.

El plan debe contener una previsión detallada de ingresos, costes y beneficios, esto es, debe incluir los recursos financieros.

También debe hacer referencia a los recursos humanos necesarios. No solamente se trata de calcular cuántas personas son necesarias, sino de asignar tareas y responsabilidades a cada una de las personas que componen el equipo.

Por último, hay que prever el tiempo necesario para cada una de las tareas.

1.7.5. Sistemas de control

El control es la última fase de un plan de marketing. A través de este control se pretende detectar los posibles fallos y desviaciones a tenor de las consecuencias que estos vayan generando para poder aplicar soluciones y medidas correctoras con la máxima inmediatez.

MAPA CONCEPTUAL

RESUMEN DE CONTENIDOS

Todo plan de marketing debe seguir un proceso con las siguientes fases:

Análisis de la situación. Antes de empezar debemos analizar exhaustivamente a nuestra propia empresa y a los posibles factores externos que nos afecten.

DAFO. Es una herramienta en forma de matriz que se identifica las debilidades y fortalezas internas, así como las oportunidades y amenazas externas.

Objetivos. Con la información anterior definimos los objetivos a los que queremos llegar. Estos han de ser medibles para comprobar si hemos acertado en nuestro plan de marketing.

Estrategias que marcarán las líneas de actuación para alcanzar las metas buscadas. Especificaremos las acciones que vamos a desarrollar, así como hacia quién las dirigiremos, qué personal será el encargado de realizarlas, etc.

Una vez que se han fijado los objetivos, se deben determinar las acciones o estrategias que es necesario llevar a cabo para lograr alcanzarlos. Estas estrategias tratarán de desarrollar ventajas competitivas en productos, mercados, recursos o capacidades qué aseguren la consecución de tales objetivos.

Las estrategias para conseguir los objetivos fijados pueden ser muy diversas. Un mismo objetivo se puede conseguir con diferentes estrategias y las mismas estrategias no proporcionan siempre los mismos resultados, dependen de las condiciones del entorno.

Control, para detectar cualquier problema y solucionarlo sin que cause males mayores, realizando los ajustes necesarios que dictaminen las circunstancias.

GLOSARIO

Amenaza. Es toda fuerza del entorno que impide la implantación de una estrategia.

Análisis PESTEL. Es una herramienta que ayuda al entorno de la empresa.

Debilidad. Es un punto que limita o reduce la capacidad de desarrollo efectivo de la estrategia de la empresa.

Fortaleza. Está compuesto por las capacidades, recursos, posiciones alcanzadas y cualquier ventaja competitiva que para nosotros puede suponer una amenaza.

Oportunidad. Todo aquello que pueda suponer una ventaja competitiva para la empresa o represente una posibilidad para mejorar la rentabilidad o la cifra de sus negocios.

Plan de marketing. Documento escrito que relaciona los objetivos, las estrategias y los planes de acción con los elementos del marketing mix de una organización.

ACTIVIDADES DE APLICACIÓN

Encuentra una alianza entre una compañía hotelera y otra compañía (puede ser tanto del sector turístico como de otro sector).

Una vez que hayas llegado a conocer la empresa y sus actividades podrás indicar, como núcleo de tu respuesta,

- qué tipo de estrategia comporta la decisión de invertir en el nuevo sector y deberás explicar las diferencias entre este tipo de estrategia y otras (las restantes definidas en la teoría estudiada).
- cuáles son los beneficios de la alianza para cada socio.

AUTOEVALUACIÓN

1. El documento que concreta las actividades relacionadas con la venta del producto y expresa los objetivos comerciales, planes de acción, los recursos necesarios, junto con los plazos de ejecución es el...
   a) Plan de marketing.
   b) Estudio de mercado.
   c) Marketing Mix.
   d) La promoción.

2. Si una empresa comercializa productos nuevos en un mercado actual...
   a) Deberá seguir una estrategia de consolidación.
   b) Deberá seguir una estrategia de desarrollo del mercado.
   c) Deberá seguir una estrategia de desarrollo del producto.
   d) Ninguna de las respuestas anteriores es correcta.

3. ¿Cuál de los siguientes no es un tipo de estrategia competitiva?
   a) Liderazgo en costes.
   b) Diferenciación.
   c) Penetración.
   d) Ninguna de las respuestas anteriores es correcta.

4. La estrategia de liderazgo en costes...
   a) Requiere grandes gastos de promoción.
   b) Requiere procesos especializados de producción.

c) Permite a la empresa cobrar un sobreprecio por sus productos.

d) Ninguna de las anteriores.

5. La pequeña cadena de hoteles Artiem, en Menorca, ha apostado por crear paquetes de actividades para ofrecer a sus huéspedes algo más que un lugar de descanso. Para ello, se ha apoyado en otras empresas del entorno y entre todas ponen en común sus productos. Así, consiguen proporcionar una oferta con varias actividades. Excursiones en kayak con un equipo de monitores o cenas en restaurantes de la zona son algunos de los servicios que se ofrece a los turistas al hospedarse en alguno de sus establecimientos. Se trata de una estrategia de _____

6. El grupo Barceló adquiere la cadena de hoteles Occidental. Se trata de una estrategia de _____

7. A la hora de planificar una estrategia, ¿cuál de los siguientes elementos se ha de tener en cuenta?

a) El mercado objetivo.

b) Las ventajas competitivas.

c) El marketing-mix.

d) Ninguna de las respuestas anteriores es correcta.

8. Indica si las siguientes situaciones significan una Oportunidad (O), una Amenaza (A), una debilidad (D) o una fortaleza (F) para las empresas, organizaciones y destinos turísticos.

___ El amplio conocimiento y experiencia en el sector.

___ El conocimiento de los clientes.

___ La escasez de recursos dentro de la empresa.

___ El Guggenheim para Bilbao como destino turístico.

___ El terrorismo internacional.

___ El aumento del precio del petróleo para las compañías aéreas.

9. En relación al análisis DAFO, indique cuál de las siguientes afirmaciones es falsa...

a) Supone un análisis interno y externo de la empresa.

b) Implica identificar, entre otras cosas, debilidades y fortalezas de la compañía.

c) Exige identificar, entre otras cosas, las amenazas y oportunidades del entorno.

d) Se realiza después de la fijación de objetivos estratégicos.

10. ¿Cuál de las siguientes actividades forma parte de una estrategia de desarrollo de mercado de acuerdo con la propuesta de Ansoff?

a) Aumento del consumo de los productos tradicionales de la empresa.

b) Incremento de los canales de distribución en el mercado actual.

c) Lanzamiento de un nuevo producto.

d) Incremento de la presencia en nuevos mercados geográficos.

1.8. Normativa de comercialización de productos y servicios turísticos locales

La normativa reguladora de la comercialización del productos y servicios turísticos se refiere no solo a la relativa a la comercialización de productos y servicios, sino que, además, se ha considerado la normativa específica de comercialización *online*, así como la relativa a marcas y a la protección y defensa del consumidor.

Además, cabe destacar que la Constitución española de 1978 establece que las comunidades autónomas podrán asumir competencias en materias relativas a la «promoción y ordenación del turismo en su ámbito territorial». Por ello, habrá que considerar la normativa autonómica que, en la actualidad, realicen referencias expresas a los proveedores que intervienen en la comercialización de productos y/o servicios turísticos.

1.8.1. Comercialización de productos

En julio de 2008, el Consejo y el Parlamento Europeo adoptaron el Nuevo Marco Legislativo, que se compone de dos instrumentos complementarios, el Reglamento CE 765/2008 sobre acreditación y vigilancia y la Decisión 768/2008/CE, que establece un marco común para la comercialización de productos.

Reglamento (CE) N° 765/2008 del Parlamento Europeo y del Consejo de 9 de julio de 2008 por el que se establecen los requisitos de acreditación y vigilancia del mercado relativos a la comercialización de los productos y por el que se deroga el Reglamento (CEE) n° 339/93

Este Reglamento tiene por objeto garantizar que los productos que se benefician de la libre circulación en la Comunidad Europea cumplen los requisitos que proporcionan un elevado nivel de protección del interés público en ámbitos como la salud y la seguridad en general, la salud y seguridad en el trabajo, la protección de los consumidores y la protección del medio ambiente; todo ello sin que la libre circulación se vea restringida más allá de los límites legalmente admisibles.

El Reglamento diseña, en el ámbito comunitario, el marco en el que ha de desarrollarse la actividad de acreditación en los Estados miembro, y a establecer una serie de obligaciones para estos, entre las que destaca la necesidad de que en los mismos no exista más de un organismo nacional de acreditación, al cual se le encomiende el ejercicio de la actividad de acreditación al servicio del interés general. Todo ello con el fin de garantizar que los organismos que actúan en el ámbito de la acreditación lo hacen cumpliendo ciertos requisitos mínimos relativos al ejercicio de dicha actividad y conforme a unos principios de funcionamiento y organización comunes, al objeto de posibilitar que todos los Estados miembro confíen en los certificados de conformidad emitidos por organismos de evaluación de la conformidad acreditados para ello en cualquier Estado miembro, sin necesidad de acreditarse necesariamente en el que desarrollen su actividad.

Real Decreto 1715/2010, de 17 de diciembre

Este Real Decreto designa a la Entidad Nacional de Acreditación (ENAC) como organismo nacional de acreditación de acuerdo con lo establecido en el Reglamento (CE) nº 765/2008 del Parlamento Europeo y el Consejo, de 9 de julio de 2008, por el que se establecen los requisitos de acreditación y vigilancia del mercado relativos a la comercialización de los productos y por el que se deroga el Reglamento (CEE) nº 339/93.

Decisión nº 768/2008/CE del Parlamento Europeo y del Consejo, de 9 de julio de 2008, sobre un marco común para la comercialización de los productos y por la que se deroga la Decisión 93/465/CEE del Consejo.

Este documento carece de efectos legales para empresas, personas físicas o Estados miembro. Está diseñado para funcionar como marco y así, establece los principios y procedimientos comunes que la legislación de la Unión Europea (UE) debe seguir al armonizar las condiciones de comercialización de los productos en la UE y el Espacio Económico Europeo (EEE).

Incluye los requisitos de referencia que deberán incorporarse siempre que se revise la legislación sobre productos. Por lo tanto, es un modelo para la futura legislación de armonización de los productos.

1.8.2. Comercialización de servicios

Directiva 2006/123/CE del Parlamento Europeo y del Consejo, de 12 de diciembre de 2006, relativa a los servicios en el mercado interior

Esta Directiva, conocida como Directiva de Servicios, establece un conjunto de normas que garanticen las exigencias en materia de información y transparencia. Esta obligación es especialmente importante en turismo y, en concreto, en las empresas de alojamiento y de restauración, y en aquellas otras que cuentes con sistemas de calificación (Pérez, 2013).

Normativa autonómica

La Constitución española de 1978 establece que las comunidades autónomas podrán asumir competencias en materias relativas a la «promoción y ordenación del turismo en su ámbito territorial» (art. 148.1.18ª). Por lo que corresponde a cada comunidad autónoma adaptar su normativa a la disposición europea sobre servicios.

En este sentido, habrá que tener en cuenta la normativa autonómica que se refiera:

- A los proveedores que intervienen en la comercialización de productos y/o servicios turísticos, tanto por medios tradicionales, como por medios electrónicos.

- A los supuesto concretos. Este es el caso del Reglamento 1/2015, de las Islas Baleares, por el que se regula la comercialización de estancias turísticas en viviendas en la isla de Formentera.

1.8.3. Comercialización de productos y servicios en internet

El aumento de la contratación electrónica de servicios turísticos exige que los proveedores de estos servicios y los turistas tengan en cuenta las diferentes normas jurídicas que resultan de aplicación en el ámbito de los servicios de la sociedad de la información principalmente:

Ley 34/2002, de 11 de junio, de Servicios de la Sociedad de la Información y del Comercio Electrónico (LSSI).

Al no existir una norma específica sobre la contratación electrónica de servicios turísticos, se aplica la norma general sobre comercio electrónico, conocida como LSSI. Es la norma fundamental que regula, entre otras materias, la actividad de los prestadores de servicios de la Sociedad de la Información, el comercio electrónico y la remisión de publicidad por medios electrónicos, siendo el marco de referencia clave en materias como el comercio electrónico o el *e-mail marketing.*

La Ley hace referencia tanto al correo electrónico como a cualquier otro medio de comunicación electrónica como el SMS o MMS.

Aspectos destacados de esta Ley (Asensi, 2016):

- En el pre-contrato. El prestador de servicios debe poner a disposición de los destinatarios las condiciones generales a las que se va a sujetar el contrato electrónico. El usuario debe aceptarlas a través de un icono destinado al efecto.

- Consentimiento previo. Es necesario que los destinatarios hayan solicitado la recepción de información comercial (suscripción) o lo hayan autorizado expresamente. A excepción de los casos en los que los usuarios hayan hecho uso de los servicios/productos con anterioridad.

- Identificar claramente que es una comunicación comercial. Con la palabra publicidad o publi al comienzo del mensaje.

- Deber de información para la protección de los clientes: debemos publicar el nombre de la empresa o individuo, domicilio social de la empresa, *e-mail,* NIF o CIF, aviso legal y condiciones.

- En la reserva. Esta Ley destaca la obligación de la agencia de viajes o de la empresa turística que ofrezca la posibilidad de contratar sus servicios por Internet, de confirmar la recepción de la aceptación de la oferta, bien enviando un acuse de recibo por correo electrónico, bien por cualquier otro medio electrónico, dentro de las 24 horas siguientes a la recepción de la aceptación.

Ley 7/1996, de 15 de enero, de Comercio minorista (Venta a distancia)

Esta ley se refiere a todas aquellas ventas que se realizan a distancia (sin presencia física simultánea de comprador y vendedor). En esta se detalla la información que, con la suficiente antelación, el vendedor deberá poner a disposición del comprador: identidad y dirección del vendedor, características del producto, precio e impuestos, formas de pago, gastos de entrega y transporte, etcétera.

Simplemente basta con incluir determinada información y cumplir con determinadas condiciones:

- Información detallada del producto: hay que incluir proveedor, características, precio, gastos de envío, forma de pago, modalidades de entrega y validez de la oferta.

- Plazos de pedido: si no se indica el plazo en la oferta, el pedido debe enviarse dentro de los 30 días siguientes a su recepción.

- Derecho de desistimiento: el comprador podrá desistir libremente del contrato dentro del plazo de 7 días contados desde la fecha de recepción del producto.

Ejemplo

La firma de abogados Snabogados, publica en su página web (http://www. snabogados.com/blog/9-consejos-comercializar-internet/), nueve consejos para comercializar en internet:

1. *Asegúrese de que los términos y condiciones de uso de su página web, términos y condiciones de compra (bienes/servicios), política de privacidad y política de cookies llamen la atención de los usuarios de su página web en su página de inicio.*

2. *Se debe requerir a los clientes que hagan clic en un botón para confirmar la aceptación de todos los términos y condiciones de compra antes de que puedan hacer sus pedidos.*

3. *Incluya siempre un aviso de copyright en su página web.*

4. *Considere la posibilidad de registrar como marcas cualesquiera nombres de empresa/negocio y todos los logotipos o recursos utilizados para la comercialización, de manera que nadie pueda copiarlos.*

5. *Considere la posibilidad de registrar nombres de dominio que desee utilizar en el futuro para la comercialización online de sus productos/servicios.*

6. *Las transacciones web deberán cumplir con la normativa de venta a distancia, por tanto, se deberá proporcionar como mínimo:*

   - *La información sobre el proveedor y los productos/servicios debe ser suministrada al cliente con suficiente antelación antes de la celebración del contrato.*

   - *Notificación del derecho de cancelar los productos / servicios dentro de los 7 días hábiles posteriores, con reembolso total.*

   - *Compruebe que su política de devolución cumple con la normativa.*

7. *Si usted está comerciando en Internet, a través de una página web con acceso restringido a los usuarios mediante contraseña, debería plantearse cómo va a manejar estos datos para evitar cualquier problema de protección de los datos y responsabilidad.*

8. *Si usted está comercializando fuera de España, considere si su página web cumple con las regulaciones extranjeras. Por ejemplo, la publicidad, la regulación de los servicios financieros, las compras de productos/servicios. Consulte con abogados en los países correspondientes.*

9. *Si usted está aceptando pagos mediante servicios comerciales (es decir, tarjetas de crédito y otros pagos en línea), entonces debería considerar el fraude y la protección contra el mismo. Los bancos y los proveedores de servicios comerciales querrán ver condiciones de compra redactadas profesionalmente, antes de proporcionarle sus servicios.*

1.8.4. Marcas

Hemos visto como la marca es aquello que nos representa ante clientes y público en general incluyendo colores, personajes y demás. Todo esto es posible debido a que existe una legislación que protege los derechos de autor y todo lo referente a marcas.

En la siguiente imagen podemos observar cómo somos capaces de identificar una marca por los colores, formas y envases.

Figura 1.21. Colores y formas asociados a una marca.

Para evitar que nos copien y proteger nuestra marca existe el Registro de Marcas, de forma que una marca registrada solo puede ser utilizada por sus propietarios e incluye, no solo el nombre, sino también los colores y las características distintivas de cada marca.

El régimen español de la marca y del nombre comercial está formado, básicamente, por las siguientes normas:

Ley 17/2001, de 7 de diciembre, de Marcas. En vigor desde el 31 de julio de 2002.

Esta Ley establece un sistema de protección de los signos distintivos a través de su registro. Regula, también, la protección de marcas y nombres comerciales.

RD 687/2002, de 12 de julio, por el que se aprueba el Reglamento para la ejecución de la Ley 17/2001, de Marcas.

Establece que la marca y el nombre comercial son signos distintivos que se protegen mediante títulos otorgados por el Estado y que confieren a su titular el derecho exclusivo de utilizarlos en el tráfico económico, e impedir a otros la utilización en España de los signos distintivos protegidos.

- La marca es un signo que permite a los empresarios distinguir sus productos o servicios frente a los productos o servicios de los competidores.

- El nombre comercial es el signo o denominación que identifica a una empresa en el tráfico mercantil y que sirve para distinguirla de las demás empresas que desarrollan actividades idénticas o similares.

Directiva (UE) 2015/2436 del Parlamento Europeo y del Consejo, de 16 de diciembre, relativa a la aproximación de las legislaciones de los Estados miembro en materia de marcas.

La Primera Directiva del Consejo, de 21 de diciembre de 1988, relativa a la aproximación de las legislaciones de los Estados miembros en materia de marcas (89/104/CEE) armonizó algunos aspectos de la regulación de los Estados relativa a las marcas.

La nueva Directiva permite registrar como marcas los sonidos y las marcas en movimiento.

Real Decreto-ley 23/2018, de 21 de diciembre, de transposición de directivas en materia de marcas, transporte ferroviario y viajes combinados y servicios de viaje vinculados.

Con la entrada en vigor de este Real Decreto-ley, el sistema de protección o registro de marcas en la Unión Europea es de carácter dual, las marcas se pueden registrar en toda la Unión o en el Estado o Estados miembros que se desee.

Una de las principales novedades de esta norma es que se introduce una modificación en cuanto a la manera de delimitar a efectos registrales el bien inmaterial solicitado. La anterior normativa exigía que el signo distintivo solicitado fuera susceptible de representación gráfica. En este real decreto-ley, atendidos los avances tecnológicos, solo se exige que el signo sea susceptible de representación en el Registro de Marcas, sin más, sin especificar el medio empleado, pero requiriéndose que esta representación permita no solo a las autoridades, sino también al público en general determinar el objeto de la protección que se otorgue al titular. La representación debe ser, por tanto, clara, precisa, autosuficiente, fácilmente accesible, inteligible, duradera y objetiva. Esto permitirá emplear en la representación del signo la tecnología disponible en cada momento y que sea adecuada a los efectos mencionados.

1.8.5. Protección y defensa de los consumidores

En la comercialización de productos y servicios turísticos, no solo será de aplicación la normativa sobre comercio, sino también las generales sobre contratos, y en especial, las normas de protección de los consumidores, contenidas en el Real Decreto Legislativo 1/2007, de 16 de noviembre, por el que se aprueba el texto refundido de la Ley General para la Defensa de los Consumidores y Usuarios y otras leyes complementarias.

Real Decreto Legislativo 1/2007, de 16 de noviembre, por el que se aprueba el texto refundido de la Ley General para la Defensa de los Consumidores y Usuarios.

La normativa sobre contratación a distancia contenida en este RDL implica que las agencias de viaje que operen por Internet deberán hacer mención expresa en la oferta que realicen en su página web de todas las características que afecten a la prestación y a las circunstancias del mismo, incluida toda la información relativa al precio y cualesquiera otros gastos adicionales que puedan derivarse de la prestación del servicio.

Directiva 2015/2302, de 25 de noviembre, relativa a los viajes combinados y a los servicios de viaje vinculados.

Esta Directiva recoge los cambios producidos en el sector turístico como consecuencia de la comercialización de productos y servicios a través de Internet.

Pretende mejorar la protección de los consumidores, aumentando la transparencia y seguridad jurídica de los viajeros y empresarios. De esta manera, la compra de paquetes turísticos por Internet gozará de las mismas garantías que los que puedan adquirirse en una agencia física.

Real Decreto-ley 23/2018, de 21 de diciembre, de transposición de directivas en materia de marcas, transporte ferroviario y viajes combinados y servicios de viaje vinculados.

El título III de este Real Decreto-ley contiene las modificaciones derivadas de la transposición de la Directiva (UE) 2015/2302 del Parlamento Europeo y del Consejo, de 25 de noviembre de 2015, relativa a los viajes combinados y a los servicios de viaje vinculado.

Una de las principales modificaciones es que el sujeto protegido por la norma pasa a ser el viajero, concepto más amplio que el de consumidor, y se amplía el alcance del concepto de viaje combinado, dando cabida a muchos productos de viaje que se encontraban en una indefinición jurídica o no estaban claramente cubiertos por la regulación anterior.

Además, con el doble objeto de mejorar la transparencia y de aumentar la protección a los consumidores, por primera vez, se contempla la posibilidad de que un intermediario ofrezca al cliente una combinación de servicios de viaje de distintos proveedores, sin ofrecerse bajo un precio global, a los que denomina servicios de viaje vinculados, y que se regulan bajo esta norma.

Los servicios de viajes vinculados no hacen referencia a los servicios que un cliente reserva de forma autónoma, a menudo en diferentes momentos, y que en el argot de la distribución turística denominamos servicios de viajes sueltos.

Los servicios de viajes vinculados deben cumplir las siguientes características:

- Se contratan en el mismo punto de venta (presencial o en línea) con varios prestadores de servicios.

- El segundo contrato debe transcurrir dentro de las 24 horas siguiente a partir de la confirmación de la reserva del primer servicio.

MAPA CONCEPTUAL

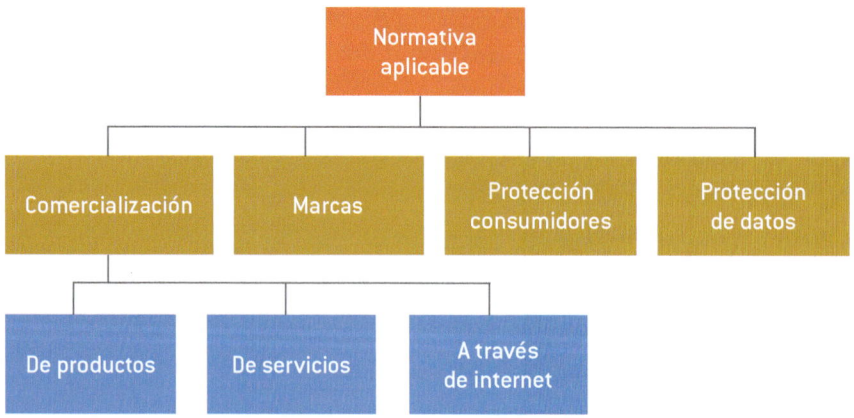

RESUMEN DE CONTENIDOS

La normativa reguladora de la comercialización del productos y servicios turísticos se puede agrupar en varios apartados:

- Normativa relativa a la comercialización de productos

  Las normas generales de comercialización de productos están establecidas por normativa comunitaria que se compone de dos instrumentos complementarios, el Reglamento CE 765/2008 sobre acreditación y vigilancia y la Decisión 768/2008/CE, que establecen un marco común para la comercialización de productos. La principal preocupación era asegurar la seguridad de los ciudadanos y reducir el número de productos presentes en el mercado que no satisfacían los requisitos de la legislación comunitaria.

- Comercialización de servicios

  Al igual que en el caso de productos, estamos sujetos a la normativa europea. Así, la denominada Directiva de Servicios, establece un conjunto de normas que garanticen las exigencias en materia de información y transparencia. Es competencia de cada comunidad autónoma adaptar su normativa a la disposición europea sobre servicios.

- Comercialización de productos y servicios en internet

  El aumento de la contratación electrónica de servicios turísticos exige que los proveedores de estos servicios y los turistas tengan en cuenta las diferentes normas jurídicas que resultan de aplicación en el ámbito de los servicios de la sociedad de la información, principalmente, la Ley 34/2002, de 11 de julio, de Servicios de la Sociedad de la Información y de Comercio

Electrónico (LSSI), las normas reguladoras del consumo. Por otra parte, la nueva Directiva 2015/2302 del Parlamento Europeo y del Consejo, de 25 de noviembre de 2015, relativa a los viajes combinados y a los servicios de viaje vinculados ofrece una nueva regulación aplicable a los viajes combinados y a los denominados «servicios de viaje combinado» que resultan de aplicación a las nuevas formas de contratación on line de servicios turísticos.

- Marcas

  El régimen español de la marca y del nombre comercial está formado, básicamente, por la Ley 17/2001, y el RD 687/2002, de Marcas. Establecen que la marca y el nombre comercial son signos distintivos que se protegen mediante títulos otorgados por el Estado y que confieren a su titular el derecho exclusivo de utilizarlos en el tráfico económico, e impedir a otros la utilización en España de los signos distintivos protegidos.

- Protección y defensa de los consumidores

  La Directiva 2015/2302 recoge los cambios producidos en el sector turístico como consecuencia de la comercialización de productos y servicios a través de Internet. El Real Decreto Legislativo 1/2007 implica que las agencias de viaje que operen por Internet deberán hacer mención expresa en la oferta que realicen en su página web de todas las características que afecten a la prestación y a las circunstancias del mismo, incluida toda la información relativa al precio y cualesquiera otros gastos adicionales que puedan derivarse de la prestación del servicio.

AUTOEVALUACIÓN

1. La normativa de comercialización de productos y servicios turísticos no distingue entre comercialización *online* y *offline*.

   a) Verdadero.

   b) Falso.

2. El prestador de servicios *online* debe poner, a través de un icono específico, las condiciones generales a las que se va a sujetar el contrato electrónico.

   a) Verdadero.

   b) Falso.

3. Rellena los conceptos que faltan en las siguientes definiciones, según la ley de marcas:

   _____ es un signo que permite a los empresarios distinguir sus productos o servicios frente a los productos o servicios de los competidores.

_____ es el signo o denominación que identifica a una empresa en el tráfico mercantil y que sirve para distinguirla de las demás empresas que desarrollan actividades idénticas o similares.

4. En la comercialización por internet hay que incluir necesariamente:
   a) La información sobre el proveedor.
   b) La información sobre los productos/servicios debe ser suministrada al cliente con suficiente antelación antes de la celebración del contrato.
   c) Notificación del derecho de cancelar los productos/servicios dentro de los 7 días hábiles posteriores, con reembolso total.
   d) Todas las respuestas anteriores son correctas.

5. Una marca (nombre, colores y las características distintivas) solo puede ser utilizada por sus propietarios si se registra debidamente.
   a) Verdadero.
   b) Falso.

2. Proyectos de comercialización de productos y servicios turísticos locales

Contenidos

2.1. Estrategias y canales de distribución

2.1.1. Definición de distribución

Distribución comercial

Nexo de unión entre la producción y el consumo de productos y servicios.

¿Qué opciones tiene el productor de servicios o productos turísticos?

- Ocuparse él mismo en hacer llegar sus productos al mercado.

- Contratar con otras compañías que hagan llegar sus productos al mercado.

La distribución turística va a depender del canal seleccionado para llegar al producto turístico.

- Hay clientes que optan hacerlo por la vía directa y que, al decidir un viaje, prefieren contratar los servicios directamente: el transporte, el alojamiento, las comidas y otras actividades.

  — Hay quienes consideran que el evitar intermediarios bajaría los costes del viaje.

  — Pero hay que tener en cuenta el tiempo y las gestiones que se deben realizar para llevar a cabo dicha compra.

- La otra vía es la forma indirecta a través del uso de intermediarios, no significa que por realizar la compra a través de ellos sea garantía de calidad y eficiencia en su totalidad, pero se minimizan mucho los errores y se tiene el respaldo de la empresa intermediaria.

Distribución turística (Kotler, 2012)

La manera consciente y metódica de determinar a quién vender, poniendo el producto o servicio a su disposición en calidad, cantidad, momento y lugar.

Por lo tanto, la distribución turística consiste en poner los productos y servicios al alcance del mercado:

- En la cantidad demandada.

- En el momento en que lo necesite.

- Y en el lugar en que desea adquirirlo.

Cuando hablamos de servicios, como es el caso de los servicios turísticos, al no existir un movimiento físico de productos, la distribución hace referencia a la accesibilidad de la información, y el transporte al lugar donde se prestará el servicio.

La distribución condicionará las decisiones sobre otras variables:

- Difícilmente se podrá fijar un precio sin tener en cuenta el canal por el que se entregará el producto/servicio al consumidor final.

- La comunicación está condicionada por el canal debido a la tipología de cada intermediario y la del consumidor final. ¿Qué tipo de comunicación deberemos efectuar en un canal de distribución?

- La empresa en cuestión, dependiendo de su estructura de recursos humanos, concretamente, de la fuerza de ventas, condicionará el canal de distribución.

2.1.2. Los canales de distribución turística

En turismo, la distribución es un proceso fundamental que da servicio tanto al consumidor como a los diferentes elementos de este sector. Pero este proceso es especialmente complejo en este sector, debido a sus especificidades como la heterogeneidad, estacionalidad, simultaneidad en compra y consumo, y altos costes. Y, ante todo, porque trabajamos con servicios intangibles y no productos fabricados.

Dicha distribución está formada por los canales de distribución, que son las redes que permiten que los clientes compren y consuman los servicios turísticos.

Canal
Camino, etapa o escalón que el producto puede recorrer hasta llegar al consumidor o usuario final.

Son conjuntos de organizaciones interdependientes involucradas en el proceso de hacer que un producto o servicio esté disponible para el uso o consumo.

¿Por qué las empresas utilizan intermediarios? Hacer esto significa perder el control sobre la fijación del precio del producto. Sin embargo, las empresas obtienen importantes ventajas ya que los intermediarios llevan a cabo una gran cantidad de funciones:

Función	Descripción
Información	Recogen información dispersa respecto de los clientes potenciales y actuales, de los competidores y de otros actores y fuerzas en el entorno de marketing.

Función	Descripción
Promoción	Desarrollan y diseminan comunicaciones persuasivas, con objeto de estimular la compra.
Contacto	Buscan clientes potenciales y se comunican con ellos.
Negociación	Consiguen un acuerdo final sobre el precio y otros aspectos, de forma que se pueda efectuar la transmisión de la propiedad o posesión.
Funcionamiento	Adquieren los fondos necesarios para financiar las existencias a distintos niveles del canal de marketing.
Toma de riesgos	Asumen los riesgos relacionados con el desarrollo de sus actividades dentro del canal.
Distribución física	Se encargan del almacenamiento sucesivo y movimientos físicos de productos.
Remuneran las facturas a los vendedores	A través de bancos y de otras instituciones financieras.
Transfieren la propiedad	Desde una organización o persona a otra.

Figura 2.1. Funciones de los canales de distribución.

El siguiente gráfico ilustra cómo se distribuyen estas funciones según la etapa del viaje en la que nos encontremos.

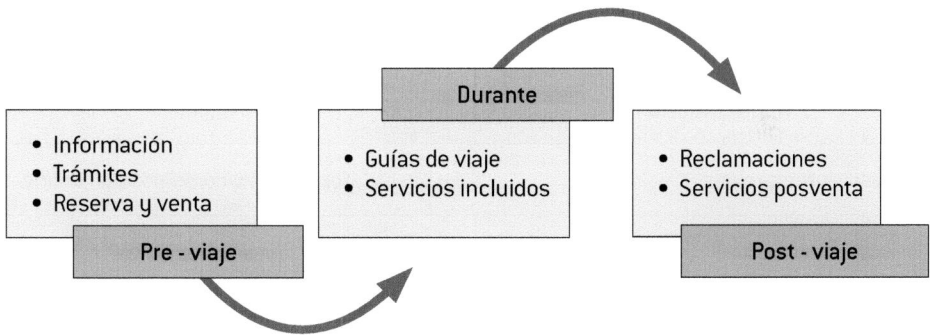

Figura 2.2. Funciones de los intermediarios turísticos según la etapa del viaje.

2.1.3. Tipos de intermediarios turísticos

Tradicionalmente, entre la oferta y la demanda se encuentran tanto las agencias de viajes, minoristas y mayoristas, centrales de reserva, los CRS y GDS, así como otros intermediarios.

Agencias de viajes minoristas	Son aquellas que comercializan los productos de las agencias mayoristas, vendiéndolos directamente al usuario, o bien elaboran y venden sus propios paquetes turísticos.
Turoperadores (agencias de viajes mayoristas)	Son las agencias que elaboran y organizan toda clase de servicios y paquetes turísticos para ofrecerlos a las agencias minoristas, no pudiendo ofrecer sus productos directamente al consumidor final.
Los GDS (Global Distribution Systems)	Son sistemas de información que permiten el acceso a extensas bases de datos de prestatarios de servicios turísticos desde una extensa red de usuarios profesionales de la venta minorista.
Las centrales de reservas	Conectan los prestatarios turísticos con los GDS, establecen un canal alternativo de distribución, asumiendo un papel de representante de hoteles, y también realizan actividades de promoción y publicidad (cuando acuden a ferias turísticas, por ejemplo).
Otros intermediarios turísticos	Cabe distinguir entre los mayoristas, como los brókeres turísticos, y los mixtos como representantes hoteleros y agentes comerciales.

Figura 2.3. Tipos de intermediarios tradicionales.

Al igual que la mayoría de los aspectos que tienen que ver con la industria turística, la distribución también se ha visto afectada por Internet. La siguiente tabla muestra los cambios en el comportamiento del consumidor.

Viajero tradicional	Viajero digital
Se busca información.	Se busca información y comunicación *online*.
La búsqueda de información es previa al traslado y experiencia en destino.	La búsqueda de información se produce en todo el ciclo de vida del viaje.
No comparte la planificación.	Comparte la planificación a través de sus redes sociales.
La mayor búsqueda en internet se realiza a través del ordenador personal.	La mayor búsqueda en internet se realiza a través del *smartphone*.
Amigos y familiares son la principal fuente de información.	Google es la principal fuente de información.

Como consecuencia de estos cambios, surgen nuevos agentes que intervienen en la distribución turística. Algunos de ellos serán tratados con mayor detalle en el capítulo 4 de este manual. A continuación, destacamos los más significativos:

Motores de búsqueda	Se busca información y comunicación *online*.
Metabuscadores o comparadores	La búsqueda de información se produce en todo el ciclo de vida del viaje.
Apps	Comparte la planificación a través de sus redes sociales.
Plataformas P2P	Ponen en contacto particulares que ofrecen sus servicios con visitantes. **Alojamiento**: alojamiento en casas particulares: Airbnb. **Transporte**: traslado con chófer: Uber; para compartir los gastos del viaje: BlaBlaCar. **Restauración**: particulares que organizan en su propia casa comidas y cenas de pago: Eatwith, Cookening, Meal Sharing o Meatmeals. **Experiencias en destino**: Vayable, Touristlink, Trip4real, Sherpandipity o Triperone. **Visitas guíadas (*free tours*)**: Ofrecen visitan a pie guiadas por los principales puntos de interés del destino: Civitatis, Guruwalk.
Medios sociales	Son medios de comunicación social en los que la información es creada por los propios usuarios gracias a plataformas web participativas. A través de los medios sociales se pueden compartir textos, imágenes, vídeos, audios, chatear o mantener videoconferencias. Algunas de las más utilizadas son TikTok, Instragram, Facebook, Twitter, Tripadvisor o Minube.
Bots, Chatbots o asistentes virtuales	Permiten la conversación con los clientes.

2.1.4. Estrategias de distribución

Una empresa puede organizar la distribución de sus productos en función de la cobertura de mercado que tenga como objetivo, es decir, deberá fijar la intensidad con que se presentará ante los consumidores; fijará su política de distribución, que podrá realizar con base en tres alternativas:

Distribución intensiva: tiene como objetivo dirigirse a un gran número de sectores o puntos de venta para estar presentes en prácticamente los mismos mercados que nuestros competidores, normalmente productos de compra muy frecuente y/o de primera necesidad, poco diferenciados y de precios relativamente bajos. Por ejemplo, las compañías aéreas necesitan tener el mayor número de puntos de venta por lo cual están presentes en casi todas las agencias de viajes.

Distribución selectiva: se dirige hacia los sectores más rentables e interesantes del mercado. Se limitan los puntos de venta y se seleccionan los canales a utilizar. Los paquetes del Caribe, los de Disney o los de los cruceros son comercializados por determinadas agencias.

Distribución exclusiva: implica la cesión exclusiva del derecho de comercialización a un distribuidor, su objetivo suele servir para aumentar el prestigio del producto y permitir tener márgenes más elevados. Suele ser un sistema utilizado cuando queremos dar un prestigio al producto o marca, por ejemplo. Los productos de ecoturismo y turismo deportivo tienen esta característica como lo son también ciertos segmentos como el de salud, tercera edad, lunas de miel, etc.

2.1.5. Algunas acciones especiales de comercialización *online*

Portales de compra colectiva

Operan en comunidades de clientes. Conectan empresas con comunidades de clientes con intereses comunes (Letsbonus, Voyage Privee o Groupon).

Lastminute

Nació con el propósito de unir oferta y demanda turística a partir de las ventas de último minuto, era el *outlet* de los *stocks* de las empresas turísticas. Era un modelo de negocio complementario con el resto del negocio turístico ya que se utilizaba en la última fase del canal ofreciendo la posibilidad a cualquier proveedor de vender plazas de última hora con un atributo fundamental y muy atractivo en Internet como es el precio.

Por diferentes razones, en la actualidad, esta empresa es un portal más, pero es un modelo de negocio que debemos conocer pues no está circunscrito a esta marca, sino que es un concepto antiguo en el sector y que en internet puede tener su mayor y mejor expresión.

Subastas

El proveedor pone un precio mínimo al cual está dispuesto a vender y el cliente es quien indica hasta dónde está dispuesto a llegar para obtener el bien o servicio.

Nouvelles Frontiers fue el pionero en Europa y en nuestro país no son modelos con un éxito parecido al de las compras colectivas, pero son casos que entendemos no debemos perder de vista por si algún día puede ser de nuestro interés. En la actualidad, Carlson Wagons lits tiene su página de subastas.

Modelo de cajas experienciales

Son una reinvención de los paquetes turísticos. El modelo es sencillo, se pacta un precio lineal y durante un período largo de una cantidad fija, el cliente solo podrá utilizarlo si al efectuar la reserva el proveedor tiene disponibilidad para prestar el servicio. Su venta se realiza en lugares con mucha afluencia de público, ya que la venta es totalmente compulsiva. En realidad, lo que el cliente compra son «objetos de regalo».

El contenido de los cofres son cheques regalos, pero adornados en unas cajas más o menos vistosas o elegantes donde se encuentra el cheque que da derecho a la prestación del servicio y un catálogo donde aparecen los proveedores seleccionados de acuerdo a la temática seleccionada, donde podrá canjearlo. Quien lo adquiere ofrece un regalo original y de un alto valor añadido para quien lo recibe. Es una fórmula muy exitosa.

2.2. Ámbitos geográficos, públicos objetivos y acciones de comunicación adecuadas a diferentes productos y servicios

La comunicación en marketing es aquella que tiene como fin último la persuasión. Los instrumentos con los que cuenta este tipo de comunicación son la publicidad, la venta personal, la promoción de ventas y las relaciones públicas. Aunque en otros puntos de este libro se analizarán de forma detallada cada uno de los instrumentos de comunicación, en este capítulo realizaremos un breve repaso de los públicos a los que se pueden dirigir cada uno de los instrumentos.

2.2.1. Definición del público objetivo

Definir el público al que se quiere llegar con las acciones de promoción es uno de los factores más importantes en cualquier Plan de Comunicación.

> **Público objetivo o *target***
> Conjunto de personas con ciertas características comunes y con cierto nivel de homogeneidad a las que dirigir nuestras estrategias de comunicación.

Tenemos que conocer el público al que nos dirigimos para diseñar, en cada caso, la estrategia de comunicación más adecuada. Sea cual sea el público al que nos dirigimos, condiciona tanto los canales a utilizar como el propio mensaje que vamos a transmitir.

Al delimitar públicos, es recomendable considerar todos aquellos grupos a los que idealmente habría que dirigirse. Igualmente aconsejable resulta establecer prioridades y dejar en segundo término públicos considerados como secundarios (ya que razones económicas o de otra índole podrían exigir actuaciones selectivas).

Ejemplo

En el marco del Plan Nacional e Integral de Turismo y del Plan Estratégico de Marketing, se ha realizado un análisis de los principales mercados turísticos emisores que permita disponer de criterios para la priorización de la actividad de Turespaña y de las Oficinas Españolas de Turismo.

Se han identificado dos categorías de mercados:

- *Mercados de potencial. Aquellos mercados que demuestran tener gran capacidad como emisores turísticos mundiales tanto en volumen emisor como en crecimiento.*

  — *Mercados prósperos lejanos indiferentes al destino España: China, India, Corea del Sur, países del Golfo (Arabia Saudí, Emiratos Árabes Unidos y Qatar) y países del sudeste asiático (Singapur, Filipinas, Indonesia, Malasia y Tailandia).*

  — *Mercados prósperos lejanos sensibles al destino España: Japón, Nueva Zelanda y Australia, Turquía, Canadá, Argentina, Brasil, Colombia y Venezuela y Méjico.*

  — *Potencias medias emergentes en Europa del Este: Polonia, Ucrania y República Checa.*

- *Mercados de realidad. Su interés radica en su aportación al sector turístico ya que su nivel de desarrollo ha alcanzado tal madurez que muestra posibilidades moderadas de crecimiento en el futuro.*

  — *Mercados prósperos lejanos interesados en el destino España: Rusia y Estados Unidos.*

  — *Grandes emisores europeos estables: Reino Unido, Alemania, Francia e Italia.*

  — *Emisores europeos medianos: países nórdicos (Dinamarca, Noruega, Suecia y Finlandia), Países Bajos, Bélgica, Austria, Suiza, Irlanda y Portugal.*

Es importante definir muy bien cuál es nuestro público objetivo:

- Para dirigir las acciones de comunicación en forma directa y buscando impactos mensurables.

- Para saber el lenguaje a utilizar y el mensaje a enviar.

- Para conocer los medios a usar, porque los diferentes públicos objetivos utilizan diferentes medios para informarse o comunicarse.

2.2.2. El mapa del público objetivo

El mapa de público objetivo es una herramienta de comunicación que permite diferenciar los distintos tipos de *targets* o públicos objetivos de la empresa, y centrarse en los más importantes para la consecución de los objetivos (Sánchez, 2015).

Para realizar el mapa del público objetivo se debe seguir un proceso con los siguientes pasos:

Paso 1. Confeccionar una lista de qué grupos o públicos son relevantes para la empresa. Pueden ser:

- Empleados.
- Clientes actuales.
- Clientes potenciales.
- Proveedores.
- Accionistas.
- Medios de comunicación.
- Asociaciones de vecinos.
- Organismos públicos.
- Influenciadores.
- Asociaciones del sector.
- Universidades.

Esta lista dependerá de nuestros objetivos, necesidades y capacidades, por eso, más adelante, habrá que cuantificarlo, para saber cuáles son los mejores para cada negocio.

Paso 2. Factores de selección del mapa de público objetivo.

La segunda fase consiste en seleccionar qué factores son los más importantes para nosotros, es decir, qué aspectos tendremos más en cuenta para cuantificar y elegir a nuestro público objetivo. Pueden ser:

- Importancia estratégica para la empresa.
- Influencia en la opinión pública.

- Difusión de la imagen.

- Intereses económicos.

- Coste de la comunicación.

- Facilidad de desarrollo de la comunicación.

Paso 3. Cuantificar el mapa de público objetivo.

Se puntúa cada público dependiendo de la importancia que tenga en cada factor. El valor 1 sería el mínimo y el 5 el valor más alto. De esta manera se puede conocer qué públicos o *target* son los elegidos y, por tanto, a los que la empresa deberá dirigir sus esfuerzos de comunicación.

2.2.3. Diferentes públicos e instrumentos de comunicación más adecuados

El total de destinatarios de la comunicación puede subdividirse en varias categorías, de tal forma que en función de cada una de ellas se establezca un tipo de comunicación específica, distinguiéndose entre: cliente final, prescriptor, e intermediarios.

- **Clientes finales: turistas y visitantes**

  La estrategia *pull* o de atracción consiste en orientar los esfuerzos de comunicación en el comprador final con la promoción y publicidad a través de los medios de comunicación masivos, para que el consumidor final elija los productos o servicios promocionados.

  Existen diferentes tipos de promociones que se dirigen a los consumidores con el fin de obtener una compra inmediata. Entre los diferentes tipos de promociones para los consumidores se encuentran las muestras; descuentos en el precio y ofertas; cupones; devoluciones de dinero; regalos promocionales y concursos.

- **Intermediarios y distribuidores**

  En este caso, se trata de llevar a cabo las denominadas estrategias *push* o de empuje.

  La estrategia *push* consiste en orientar los esfuerzos de comunicación y de promoción sobre los intermediarios, de forma que los anime a hacer referencia a la marca, a otorgarle el espacio de venta o de exposición adecuado y a incitar a los consumidores a comprar el producto o servicio.

  Entre las acciones ofrecidas a los intermediarios encontramos las siguientes:

- Exposiciones y ferias comerciales.

- Competiciones, concurso y premios en función de las ventas.

- Descuentos y primas: suelen hacerse en especie y a veces en dinero.

- Muestras y obsequios al distribuidor para que los entregue a los clientes.

- Publicidad en el lugar de venta: proporcionar material publicitario para instalarlo en el punto de venta.

- Viajes de familiarización tanto al destino o a eventos patrocinados.

• **Prescriptores**

Con los medios sociales, la figura del prescriptor se ha sofisticado dando lugar a los denominados *«influencers»* o influenciadores, esto es, personas que tienen capacidad de influir en una comunidad.

Cada vez son más las acciones de comunicación de las empresas y organizaciones turísticas que buscan dirigirse a un público influyente para que este, con el poder de prescripción y de viralidad que tiene, difunda las bondades del producto, servicio o destino a sus seguidores. Así, *youtubers, instagramers* o *bloggers* ofrecen a las marcas en sus espacios *online* un amplio alcance gracias a los miles de seguidores con que cuentan, por lo que los destinos y las empresas turísticas les invitan a eventos exclusivos (una modalidad de los viajes de familiarización) para que conozcan el destino.

Incluso se les contrata para contar con sus mensajes en medios sociales como parte de una campaña publicitaria al uso, algo que a día de hoy está todavía por regular desde el punto de vista legal y que hace que la credibilidad de estos mensajes sea cuestionable.

En su blog, la empresa de *software* para la gestión de la comunicación y la reputación corporativa Augure diferencia cuatro tipos de influenciadores:

- Conectado: les gusta la marca.

- Prescriptor: te recomiendan abiertamente.

- Usuario: utilizan con frecuencia tus productos y servicios.

- Simpatizante: se identifica con tu marca.

Dada el carácter intangible y heterogéneo de los servicios turísticos, los influenciadores son especialmente interesantes en la estrategia de comunicación ya que dan a conocer su marca y servicios a un público objetivo sin generar desconfianza de antemano.

En caso de crisis, por ejemplo, los influenciadores pueden ser unos buenos aliados para reforzar y hacer extensivo el mensaje de la empresa, ya que el sector les otorga una autoridad respecto al tema del que hablan.

2.3. Instrumentos de comunicación para la canalización de acciones y estimación del grado de consecución de los objetivos previstos con la utilización de cada uno de tales instrumentos

2.3.1. Definición de objetivos

Las empresas y organizaciones turísticas deben marcar los objetivos a alcanzar por su plan de comunicación para poder hacer un seguimiento de los mismos y determinar el alcance de cada uno de ellos y, por lo tanto, la eficacia de los instrumentos de comunicación utilizados.

En este sentido, las empresas pueden establecer diversas tipologías de objetivos:

Objetivos de negocio: son objetivos a corto plazo de naturaleza económica, como por ejemplo incrementar la cuota de mercado, incrementar la facturación o aumentar los beneficios.

Objetivos de marketing: ayudan a conseguir los objetivos de negocio. Por ejemplo, si nuestro objetivo de negocio es aumentar la cuota de mercado, tendremos que decidir cómo alcanzarlo, acudiendo a nuevos mercados o aumentando los clientes de los mercados en los que ya estamos implantados. Y en ambos casos habrá que decidir qué acciones de marketing habrá que llevar a cabo.

Objetivos de comunicación: los objetivos de comunicación deben estar alineados con los objetivos de marketing. Tendremos que definir qué se desea conseguir con las campañas de comunicación.

Los objetivos de la comunicación están directamente relacionados con la secuencia de la comunicación, esto es, los sucesivos pasos que debemos dar para lograr persuadir a nuestros clientes.

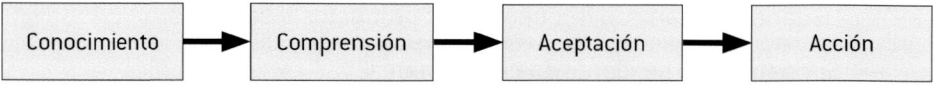

Figura 2.4. Secuencia de la comunicación (Vela y Bocigas, 1992).

Así, podemos definir los siguientes objetivos de comunicación según cuál sea la fase de la secuencia de comunicación en la que se encuentra nuestra marca:

- *Notoriedad*: la marca es reconocida y se recuerda.

- *Conocimiento*: se conocen los atributos de la marca, las características de los productos y servicios y el valor de la marca frente a la competencia.

- *Conexión*: empatizar y conectar emocionalmente con el **público objetivo para conseguir que tengan afinidad, simpatía y** el denominado *engagement* con la marca. Se trata de crear comunidad, experiencias de marca, de conseguir que la gente interactúe y busque relacionarse con ella.

- *Consideración*: la marca es preferida y considerada entre las posibles alternativas en el momento de querer ese tipo de producto o servicio.

Para que un objetivo sea eficaz debe seguir los siguientes requisitos cuyas siglas se corresponden en inglés con la palabra *Smart*.

- Específico (*Specific*): el objetivo debe ser lo más concreto posible.

- Medible (*Measurable*): el objetivo debe ser medible, por lo que ha de ser una meta cuantificable.

- Alcanzable (*Attainable*): el objetivo debe ser un reto posible para poder ser alcanzado.

- Realista (*Realist*): debe ser alcanzable con los recursos disponibles.

- Tiempo (*Timely*): cada objetivo debe estar definido en el tiempo.

2.3.2. Canales de comunicación para alcanzar los objetivos propuestos

Un canal de comunicación está formado por el conjunto de medios a través de los cuales se transmite el mensaje.

Los canales, de acuerdo con Kotler (2012), pueden ser de dos tipos:

- Canales personales

  En estos canales se produce un contacto personal o directo con el individuo o grupo. A su vez, existen diferentes clases:

  — Fuerza de ventas y empleados en general: personas que pertenecen a la organización o que trabajan en ella. En turismo el personal de contacto es uno de los elementos básicos para garantizar la calidad, como veremos en el capítulo dedicado a la servucción.

  — Prescriptores o personas que influyen en una comunidad.

  — Canales sociales: son los que gozan de mayor credibilidad para el receptor, y están formados por familiares, vecinos, amigos, etc. Constituyen el denominado «boca-oreja».

- Canales impersonales

  Estos canales son medios de comunicación masivos en los que no se puede establecer contactos de carácter personal.

  — Medios masivos o selectivos de difusión: incluye los medios tradicionales, como radio, televisión, folletos o prensa, y los medios digitales como las páginas web corporativas.

  — Medios ambientales: están vinculados con el producto aumentado comentado anteriormente y se refieren a aquellos aspectos de apariencia externa que contribuyen a que los clientes se hagan una imagen de la marca.

  — Los acontecimientos: en una empresa a lo largo de la vida se pueden producir muchos acontecimientos como abrir una nueva tienda, nombrar un nuevo cargo, o cumplir años, que pueden utilizarse para aparecer en los medios sociales de forma natural.

  No todos los canales de comunicación son igual de adecuados para cada uno de los objetivos.

- Para conseguir notoriedad y el conocimiento, lo mejor es utilizar la publicidad:

  — Si queremos darnos a conocer a un público masivo, entonces utilizaremos medios de comunicación social.

  — Si queremos dirigirnos a un grupo de clientes, entonces utilizaremos medios que nos permitan una mayor personalización del mensaje.

- Para conseguir la conexión, las empresas con dos tipos de herramientas:

  — Herramientas *offline*: como el personal de contacto, acontecimientos, eventos o los medios ambientales, que permiten crear conexiones emocionales con los clientes.

  — Herramientas *online*: como los medios sociales, especialmente, a través de influenciadores.

- Para conseguir la consideración, lo mejor es utilizar canales personales, como los intermediarios o la fuerza de ventas de la propia empresa.

Ejemplo

Las tarjetas de fidelización – Meliá Rewards

Meliá Rewards es el programa de fidelidad de Meliá Hotels International que fue creado en 1995 para premiar con ventajas y privilegios la confianza de los clientes de la compañía.

El programa, uno de los pilares más importantes de la Compañía, cuenta con más de 4 millones de miembros que acumulan puntos en cada una de sus estancias con los que después pueden conseguir noches de hotel gratis y muchas más ventajas. El programa Meliá Rewards ofrece cuatro niveles de tarjeta: Meliá Rewards, Silver, Gold y Platinum; y cuenta con más de 35 partners en todo el mundo, de diferentes sectores, con los que los titulares Meliá Rewards pueden traspasar y canjear sus puntos.

Además, el programa cuenta con una web personalizada meliarewards.com en la que el cliente Meliá Rewards puede acceder a toda la información referente a su cuenta y canjear sus puntos de la forma más flexible con la fórmula puntos + dinero, indicando la cantidad de puntos y dinero que quiere utilizar para realizar su reserva. Este sistema pionero en la industria, supone una ventaja diferencial respecto a la competencia ya que el cliente puede canjear puntos desde el primer día.

Paralelamente también contamos con el programa MeliáPRO Rewards, un programa diseñado para agentes de viajes y coordinadores de eventos con tres niveles y afiliación y ventajas y que actualmente cuenta con más de 1300 miembros. Los nuevos niveles pueden obtenerse a través de formación y producción; los puntos pueden ganarse y usarse en nuestros hoteles o con nuestros socios.

Las empresas y organizaciones turísticas deben marcar los objetivos a alcanzar por su plan de comunicación para poder hacer un seguimiento de los mismos y determinar el alcance de cada uno de ellos y, por lo tanto, la eficacia de los instrumentos de comunicación utilizados.

Los objetivos de la comunicación están directamente relacionados con la secuencia de la comunicación, esto es, los sucesivos pasos que debemos dar para lograr persuadir a nuestros clientes.

Así, podemos definir los siguientes objetivos de comunicación según cuál sea la fase de la secuencia de comunicación en la que se encuentra nuestra marca: notoriedad, conocimiento, conexión y consideración.

Las empresas cuentan, además, con diferentes canales de comunicación para conseguir sus objetivos.

2.4. Estimación de los costes, alcance y posibles resultados de las acciones definidas

En esta fase debemos hacer una estimación de los recursos financieros necesarios, pero también de los recursos humanos y del tiempo que se va a emplear en las diferentes acciones definidas.

2.4.1. Estimación de los recursos financieros

Para cada una de las acciones de comunicación que se pueden llevar a cabo hay que determinar tres conceptos importantes:

1. La previsión de ingresos de cada acción. Debemos preguntarnos si la acción supondrá un incremento de ingresos procedentes de los clientes actuales, bien en forma de venta cruzada, de efectividad de la venta o de incremento de la tasa de conversión. Asimismo, debemos preguntarnos si alguna de las acciones reporta ingresos procedentes de nuevos clientes, un aumento de la efectividad en ventas o de la visibilidad en el mercado, o ingresos por la posible comercialización de espacios publicitarios o patrocinio.

2. La previsión de los costes de cada una de las acciones que se han decidido acometer. Tanto si se ha decidido aumentar las comisiones a los intermediarios, como realizar descuentos al cliente final o llevar a cabo una campaña de publicidad *online,* habrá que calcular el incremento de costes que supone cada una de ellas.

3. La previsión de los beneficios de cada acción: por diferencia entre ingresos y costes.

2.4.2. Estimación de los recursos humanos

Es importante conocer las personas implicadas en cada una de las acciones definidas. En este sentido, debemos conocer no solo cuántas personas son necesarias, también las tareas y responsabilidades asignadas.

En algunos casos, será necesario subcontratar algunas tareas a empresas o personas especializadas en ciertas áreas, es el caso de agencias de comunicación, organizadores de eventos, expertos en comunicación *online*, etc.

2.4.3. Estimación del tiempo

Por último, todo presupuesto debe incluir el tiempo requerido para llevar a cabo las acciones definidas. Así, debe determinarse el inicio de la acción, el final y los hitos importantes.

Esta fase suele ser delicada ya que, en la actualidad, el tiempo es uno de los recursos escasos de las empresas. Esta situación lleva a que, determinadas empresas turísticas, deban contratar personal de forma temporal o subcontratar a empresas especializadas.

Una mala planificación del tiempo, o *timing*, puede llevar a situaciones complicadas en las empresas, que suelen solucionarse con dinero o con sobrecarga de trabajo de los empleados actuales.

2.5. Instrumentos y variables que permitan evaluar el grado de eficacia de las acciones comerciales programadas, en función del público objetivo receptor y del coste previsto

Actualmente, la medición de la comunicación es una de las tareas más importantes, ya que nos permite:

- Evaluar el grado de eficacia de las acciones comerciales.

- Conocer mejor a nuestros clientes y, por lo tanto, adecuar nuestra oferta a sus demandas.

2.5.1. Medición de la reputación mediática

Reputación mediática
Es la manera en que una persona (física o jurídica) es presentada por los medios de comunicación ante sus diferentes *stakeholders*. (Paul Capriotti, s.f.)

Para medir la reputación mediática, Bidireccional ha desarrollado un modelo basado en dos dimensiones, cada una de las cuales está compuesta, a su vez, por dos indicadores:

- Notoriedad mediática: que señala el grado de visibilidad del sujeto en los medios.

  — Exposición, que determina el nivel de presencia del sujeto en los medios.

  — Relevancia, que indica el nivel de importancia de las noticias en los medios.

- Favorabilidad mediática: que indica el grado de notabilidad o valoración del sujeto en los medios.

  — Intensidad, que establece la relación entre la presencia de noticias positivas y negativas.

  — Prominencia, que señala la relación entre la importancia de las noticias positivas y negativas.

2.5.2. Medición de las campañas de publicidad

Cuando realizamos campañas publicitarias existen diferentes métodos para saber el retorno que ha tenido la inversión. A continuación, detallamos algunas de las más utilizadas:

ROI (*Return on Investment*)	Porcentaje de los ingresos obtenidos sobre la inversión realizada.
RP (*Rating Point*)	Este índice representa el porcentaje de tu público objetivo que es impactado al menos una vez con un mensaje concreto.
GRP (*Gross Rating Point*)	Es un índice que nos permite medir la presión publicitaria que ejerceremos sobre nuestro público. Tiene en cuenta tanto la cobertura como la fecuencia.
Difusión/audiencia	Número de personas que potencialmente ven la marca en medios *offline* y *online*. Ofrecidos por agencias oficiales como el Estudio General de Medios (EGM) o la Oficina de Justificación de la Difusión (OJD).
EVP/Equivalencia Valor Publicitario	Es el cálculo de la equivalencia en coste publicitario de las inserciones de *publicity* (gratuitas) obtenidas en la relación con los medios.
Visitas web/N.º de clics	Se usa en campañas publicitarias *online* y se calcula el número de personas que han visto un anuncio.
Google Analytics	Permite evaluar el éxito de una campaña *online*.

Figura 2.5. Herramientas para evaluar campañas publicitarias.

2.5.3. Medición de los eventos

Según el Director de Eventoplus (España/México), Eric Mottard, «un evento que no puede evaluar su impacto es un evento mal definido que pierde la oportunidad de maximizar su resultado» (Torrents, 2005: 187).

Tanto para los eventos organizados por la propia empresa como para aquellos a los que acudimos y son organizados por terceros (ferias, exposiciones, jornadas, etc.) existen diferentes indicadores que nos ayudarán a medir el éxito de los mismos:

- Cantidad de participantes esperados *vs.* Cantidad de participantes inscriptos.

- Participantes reales *vs.* Cantidad de contactos realizados.

- Presupuesto estimado *vs.* Presupuesto real.

- Ingresos esperados *vs.* Ingresos reales.

- Cumplimiento del cronograma establecido.

La medición del éxito o fracaso de un evento se mide en función de si se han logrado alcanzar o no los objetivos planteados. En este sentido, el ROI o Retorno de la inversión, se muestra como la herramienta adecuada. El retorno de la inversión es el beneficio obtenido de una inversión en relación con los costes que esta representa, expresado como un porcentaje.

Sin embargo, cuando hablamos de aplicar el ROI a los eventos, debemos tener en cuenta tanto beneficios monetarios como no monetarios. De hecho, en los eventos es muy importante medir todas aquellas variables que afecten a la interacción con el cliente y durante todas las fases del evento (antes, durante y después), ya que es una de sus características fundamentales como acción de comunicación. También hay que considerar que este tipo de acciones suelen tener, además, resultados a largo plazo: un contacto que se inició en un evento puede convertirse en el cierre de un negocio, días o meses después.

Para calcular el Retorno de la inversión en eventos, establecemos una metodología que sigue 5 fases (Hamso y Dzeick, 2016, Simon, 2014):

1. La satisfacción de los participantes.

    En el primer paso, se calcula la satisfacción de los participantes y de los asistentes al evento. Es necesario medir si el evento respondió a las expectativas de los que acudieron; si les sirvió para establecer relaciones de *networking*; si el programa fue ameno e interesante; si disfrutaron del lugar, actividades recreativas, el *catering,* etc. A través de encuesta a los participantes podemos conocer la satisfacción de los mismos con el evento.

2. Aprendizaje.

    En segundo lugar, la medición del aprendizaje consiste en averiguar si los asistentes recibieron información clara y convincente, si han desarrollado nuevas habilidades y/o aptitudes o si han establecido relaciones nuevas de su interés (aprendizaje relacional). Así, podremos observar que un evento consiste principalmente en aprender.

3. Aplicación.

    El tercer paso, aplicación, es el resultado de la suma de los dos anteriores. Si los participantes aprenden y usan lo que han aprendido, ellos probablemente generarán algún valor para el organizador del evento.

4. Impacto para la empresa.

    Como cuarto eslabón de la cadena, debe determinarse el impacto para la empresa. Todo acto debe influir de una manera u otra en la realidad de la entidad organizadora. Si el evento está organizado por una empresa, debe mejorar la relación de pérdidas y ganancias y al final del año, el beneficio debería ser un poco más alto gracias a la realización del mismo.

5. Obtención del ROI.

    El quinto y último paso es el cálculo matemático del ROI. Para ello se convierte el impacto sobre la empresa en valores monetarios, es decir, se calculan los ingresos por impacto. A estos ingresos se les resta el coste de evento, dando como resultado el beneficio que ha aportado el acto para la empresa. Así, para calcular el ROI, se divide este beneficio entre el coste total del evento y se expresa en forma de porcentaje.

Este proceso puede aplicarse a cualquier tipo de evento sea cual sea su objetivo y dimensión. Según el European Event ROI Institute, es el único método capaz de determinar, de forma fiable, en qué medida ha sido rentable el evento que hemos organizado.

2.5.4. Medición de las acciones en medios sociales

Medir el **éxito de una campaña** en medios sociales no consiste únicamente en conocer cuántos seguidores tenemos o a cuántas personas les gusta nuestra página. Es necesario utilizar, de nuevo, el ROI o retorno de la inversión.

Y también, al igual que ocurre con los eventos, estos beneficios no solo son monetarios, sino que tan importantes como los ingresos son los beneficios no monetarios, como el valor de marca, conseguir tráfico para otros soportes *online* de la empresa, conseguir prescriptores, etc. En este sentido, debemos tener en cuenta que uno de los mayores beneficios de los medios sociales es la interacción con otras personas.

Para aplicar el ROI en los medios sociales, partimos de los objetivos que se pretenden alcanzar con cada una de las acciones.

Para medir si se han alcanzado estos objetivos utilizamos los indicadores básicos de medición, denominados KPI (*Key Performance Indicator*).

2.5.4.1. *KPI* en *sites* de contenidos y de *e-commerce*

En la siguiente tabla presentamos algunos indicadores (KPI) en función de los objetivos planteados por la web.

Objetivo	KPI
Incrementar la fidelidad de nuestros visitantes	Cuántas páginas visita nuestro usuario.
	Qué contenido mira.
	Las veces que repite su visita.
	El tiempo que permanece en nuestra web.
	El número de veces que comparte un contenido.
Vender	*Tasa de conversión*: número de visitas por compra.
	Tasa de rebote: visitas que solo consumen una página y se van.
	Origen de los visitantes.
	Tiempo que pasan.
	Si repiten la compra.
	En qué página nos abandona (si coincide en el momento de la compra, a lo mejor tenemos algún problema de diseño y se puede mejorar la usabilidad de esa página, o bien hacer una llamada a la acción más directa).

2.5.4.2. KPI en Twitter

En la siguiente tabla, presentamos algunos de los KPI más utilizados para medir el ROI en este medio social:

Objetivo	KPI
Conciencia de existencia de marca «*Brand awareness*»	Número de *tweets*, hacer un balance entre los *tweets* positivos y los negativos, así como seguir el número de seguidores.
Vínculo del usuario con la marca «*Brand engagement*»	Número de seguidores y el número de @respuestas.
Recomendación vía boca a boca «*word of mouth*»	Número de *retweets*.
Otros	Número de mensajes directos recibidos.
	Número de clics sobre los enlaces de los *tweets*.
	Número de inserciones de la cuenta en las listas de otros usuarios.
	Evolución de las bajas de seguidores.
	Influencia que tienen tus seguidores o detractores más activos.

2.5.4.3. KPI en Facebook /LinkedIn

En la siguiente tabla, presentamos algunos de los KPI más utilizados para medir el ROI en este medio social:

Objetivo	KPI
Conciencia de existencia de marca «Brand awareness»	Número de miembros/fans. Número de instalaciones de aplicaciones. Número de impresiones y de marcadores.
Vínculo del usuario con la marca «Brand engagement»	Número de comentarios. Número de usuarios activos. Número de likes en los feeds de los amigos. Número de contenido generado por el usuario (respuestas, fotos, etc.).
Recomendación vía boca a boca «word of mouth»	Frecuencia de apariciones en el timeline de los amigos. Número de posts en los muros. Cantidad de reposts, shares y de respuestas a las invitaciones para ser amigos.

2.5.4.4. KPI en otros medios sociales

Cada medio social tiene sus propias métricas, exclusivas o compartidas, como el número de suscriptores en un blog o el número de embeddings en YouTube.

Lo importante en todos ellos, es hacer un análisis continuado en el tiempo. Solo la comparación entre diferentes períodos, la escucha activa, participativa y el análisis cualitativo en la monitorización nos dará una idea de si nuestra estrategia de social media está consiguiendo los objetivos marcados en un inicio.

2.5.4.5. KPI de las acciones con *influencers*

En la siguiente tabla, presentamos algunos de los KPI más utilizados para medir el ROI en las acciones con los *influencers*:

Objetivo	KPI
Notoriedad	Número de publicaciones que realizan los bloggers colaboradores.
Impacto	Alcance potencial que han conseguido todas las publicaciones. Número de visitas que obtiene un post en el blog del influencer sobre nuestra marca.
Engagement	Número total de interacciones que han obtenido todas las publicaciones de los colaboradores (retweets, compartidos, comentarios, 'Me gusta', menciones, favoritos, etc.). Uso de hashtag que han dinamizado los prescriptores.
Conversión:	Tráfico web: número de visitas a la microsite, e-commerce, landing page o aplicación móvil que se consiguen a través de los influencers. Redirigir tráfico a retail (punto de venta – PDV). Número de personas que acuden al PDV gracias a la prescripción de bloggers. Captación de base de datos. Redirección de tráfico a formularios de registro para ampliar la base de datos de las marcas.

MAPA CONCEPTUAL

RESUMEN DE CONTENIDOS

La distribución vincula la producción y el consumo, cuyo objetivo es poner el producto a disposición del consumidor final en la cantidad demandada, en el momento en que lo necesita, y en el lugar donde desea adquirirlo. La distribución aporta una utilidad de tiempo, lugar, estado y posesión.

La distribución requiere generalmente una colaboración externa a la empresa. En este sentido, los intermediarios son las personas o entidades que llevan a cabo las actividades necesarias para distribuir los productos o servicios. La estructura formada por estos intermediarios constituye el canal de distribución.

Las principales funciones de los intermediarios son las siguientes: adecuación de la oferta a la demanda; realización de actividades de marketing; transmisión del derecho de uso; financiación; asunción de riesgos; asesoramiento y servicios adicionales.

La estrategia de distribución es una de las más importantes dentro de la estrategia de marketing mix. En turismo, la distribución es un proceso fundamental que da servicio tanto al consumidor como a los diferentes elementos de este sector. Pero este proceso es especialmente complejo en este sector, debido a sus especificidades como la heterogeneidad, estacionalidad, simultaneidad en compra y consumo, y altos costes. Y, ante todo, porque trabajamos con servicios intangibles y no productos fabricados.

Tradicionalmente, entre la oferta y la demanda se encuentran tanto las agencias de viajes, minoristas y mayoristas, centrales de reserva, los CRS y GDS, así como otros intermediarios.

Con Internet, aparecieron nuevos canales de distribución como las agencias virtuales (OTA); además, de otros agentes que, sin ser estrictamente intermediarios turísticos, condicionan el proceso de distribución turística. Es el caso de los motores de búsqueda, *apps* o plataformas P2P, entre otros.

Existen varios modelos de distribución. La decisión de elegir el mejor camino obedece siempre a los objetivos que se plantea la empresa desde el principio para alcanzar la rentabilidad buscada, superar a la competencia y tener clientes más que satisfechos. Así, la distribución puede ser intensiva, selectiva o exclusiva.

El público es un conjunto de individuos que tienen cierta homogeneidad en relación con la organización, y con los que la empresa se tiene que comunicar para obtener un cierto objetivo de imagen. Cada público demandará un lenguaje, una imagen y unos canales de comunicación distintos.

El total de destinatarios de la comunicación puede subdividirse en varias categorías, de tal forma que en función de cada una de ellas se establezca un tipo de comunicación específica, distinguiéndose entre: cliente final, prescriptor e intermediarios.

Las empresas y organizaciones turísticas deben marcar los objetivos a alcanzar por su plan de comunicación para poder hacer un seguimiento de los mismos y determinar el alcance de cada uno de ellos y, por lo tanto, la eficacia de los instrumentos de comunicación utilizados.

Los objetivos de la comunicación están directamente relacionados con la secuencia de la comunicación, esto es, los sucesivos pasos que debemos dar para lograr persuadir a nuestros clientes.

Así, podemos definir los siguientes objetivos de comunicación según cuál sea la fase de la secuencia de comunicación en la que se encuentra nuestra marca: notoriedad, conocimiento, conexión y consideración.

Las empresas cuentan, además, con diferentes canales de comunicación para conseguir sus objetivos.

Todo plan de comunicación debe incluir objetivos cuantificables en cuanto a tiempo, recursos humanos y financieros necesarios para acometer cada una de las acciones programadas. Se han de especificar las personas que van a realizar cada acción y los responsables, así como el tiempo previsto para llevarlas a cabo y el coste estimado de cada una de ellas.

Uno de los mayores retos de la comunicación es aceptar y comprender los datos. Un presupuesto bien hecho y una justificación presupuestaria son claves para mejorar en el día a día de la comunicación, ver qué impacto han tenido las diferentes acciones, y su relación calidad-precio.

GLOSARIO

Agencia de viajes mayorista (turoperador). Es la que elabora y organiza toda clase de servicios y paquetes turísticos para ofrecerlos a las agencias minoristas.

Agencia de viajes minorista. Es aquella que comercializa los productos vendiéndolos directamente al usuario.

Canal. Camino, etapa o escalón que el producto puede recorrer hasta llegar al consumidor o usuario final.

Distribución comercial. Es el nexo entre la producción y el consumo de productos y servicios.

Distribución turística. Poner los productos y servicios al alcance del mercado, en la cantidad demandada, en el momento en que lo necesite, y en el lugar en que desea adquirirlo.

Global Distribution System (GDS). Es un sistema de información que permite el acceso a grandes bases de datos de productores turísticos desde una extensa red de usuarios profesionales de la venta minorista.

Intermediación turística. Es la actividad llevada a cabo por los intermediarios turísticos y consiste en facilitar el contacto entre dos partes, siendo al menos una de ellas, un agente turístico.

Intermediario. Es una organización interdependiente involucrada en el proceso de hacer que un producto o servicio esté disponible para el uso o consumo.

Público objetivo o *target group*. Conjunto de personas con ciertas características comunes y con cierto nivel de homogeneidad a las que dirigir nuestras estrategias de comunicación.

Reputación mediática. Es la manera en que una persona (física o jurídica) es presentada por los medios de comunicación ante sus diferentes *stakeholders*.

Un hotel rural de nueva creación se está planteando su estrategia de distribución. Identifica las ventajas y desventajas de utilizar los diferentes canales que están a su disposición.

AUTOEVALUACIÓN

1. Con respecto a los canales de distribución electrónicos que afirmación es correcta:

   a) Es necesario el contacto directo con el cliente.

   b) Se ahorran costes.

   c) Apenas son utilizados actualmente.

   d) Disminuyen la calidad.

2. La estrategia que se identifica por consistir en la distribución de bienes y servicios a través de tantos puntos de venta como sea posible se denomina:

   a) Distribución selectiva.

   b) Distribución masiva.

   c) Distribución exclusiva.

   d) Distribución intensiva.

3. ¿Qué se entiende por intermediación exclusiva?

   a) Consiste en limitar de forma importante el número de intermediarios.

   b) El vendedor exige a estos intermediarios que no comercialicen productos de la competencia.

   c) Consiste en la utilización de más de un intermediario, pero no de todos los que desean distribuir un producto en particular.

   d) Consiste en la distribución de bienes y servicios a través de tantos puntos de venta como sea posible.

4. ¿Cuál de los siguientes factores NO influye desde el punto de vista del productor en las decisiones de su estrategia de distribución?

   a) Las estructuras de distribución existentes.

   b) El mercado objetivo.

   c) El producto.

   d) Ninguna de las respuestas anteriores es correcta.

5. Las tres utilidades generales que la distribución aporta en el sistema económico son:

   a) De tiempo, de promoción y de equilibrio.

   b) De tiempo, de lugar y de posesión.

   c) De lugar, de posesión y de promoción.

   d) De lugar, de posesión y de equilibrio.

6. Identifica el tipo de estrategia de distribución a que se refieren las siguientes afirmaciones:

   _____ Conectan empresas con comunidades de clientes con intereses comunes.

   _____ Son el *outlet* de los *stocks* de las empresas turísticas.

   _____ El proveedor pone un precio mínimo al cual está dispuesto a vender y el cliente es quien indica hasta dónde está dispuesto a llegar para obtener el bien o servicio.

   _____ El modelo se basa en un pacto sobre un precio lineal y durante un período largo de una cantidad fija, que el cliente solo podrá utilizar si al efectuar la reserva el proveedor tiene disponibilidad para prestar el servicio.

7. El público objetivo al que dirigir los esfuerzos de comunicación es el que consume nuestros productos o servicios.

   a) Verdadero.

   b) Falso.

8. El mapa del público objetivo es una herramienta de marketing que permite determinar qué grupos de clientes/consumidores son los más adecuados para nuestra estrategia de comunicación.

   a) Verdadero.

   b) Falso.

9. Las personas capaces de influir en una comunidad se denominan:

   a) Prescriptores.

   b) Influenciadores.

   c) Evangelistas.

   d) Aliados.

10. En turismo apenas tienen importancia los influenciadores.

    a) Verdadero.

    b) Falso.

11. Los viajes de familiarización son un ejemplo de estrategia de comunicación *push*, dirigida a los intermediarios.

    a) Verdadero.

    b) Falso.

12. Las tarjetas de fidelización persiguen que los usuarios decidan ir a sus establecimientos frente a los de la competencia.

    a) Verdadero.

    b) Falso.

13. Los influenciadores permiten conseguir el objetivo de:

    a) Notoriedad.

    b) Conexión.

    c) Consideración.

    d) Ninguna de las respuestas anteriores es correcta.

14. El personal de contacto es uno de los canales más utilizados para conseguir el objetivo de:

    a) Notoriedad.

    b) Conexión.

    c) Consideración.

    d) Ninguno es verdadero.

3. El sistema de servucción en el sector de hostelería y turismo

Contenidos

3.1. Elementos para una teoría de la servucción. Justificación e importancia de su uso

3.1.1. El sistema de servucción

El término servucción es un neologismo que fue acuñado en la década de los años 80 por dos docentes galos llamados Eric Langeard y Pierre Eiglier. Se obtiene a partir de la combinación de dos palabras: servicio y producción.

Servucción
Es la organización sistemática y coherente de todos los elementos físicos y humanos de la relación cliente-empresa necesaria para la realización de una prestación de servicio cuyas características comerciales y niveles de calidad han sido determinadas.

De acuerdo con estos autores, la prestación de servicios (servucción) presenta similitudes con la fabricación de productos. Sin embargo, existen una serie de diferencias entre ellos:

Producto	Servicio
Los productos son tangibles, esto es, se pueden percibir por los sentidos.	Los servicios son intangibles.
Los productos en general son ofertas homogéneas.	Los servicios son variables y heterogéneos.
Los productos se producen previamente al consumo.	El consumo y la producción son simultáneos.
Los productos son perdurables en el tiempo.	Los servicios caducan.
Los productos son susceptibles de ser almacenados.	Los servicios no se pueden almacenar.
En las empresas productoras de productos normalmente no se entra en contacto con el cliente.	En las empresas prestadoras de servicios el contacto con el cliente es parte fundamental del servicio.
La percepción de la calidad depende las características del producto y su nivel de calidad.	La percepción de calidad depende de otros factores. En ocasiones el precio es el único elemento del que dispone el cliente para determinar la calidad.
La personalización de un producto es más difícil.	Es más fácil personalizar la prestación de un servicio a las demandas del cliente.

Tabla 3.1. Diferencias entre la producción de productos y la producción/prestación de servicios.

La servucción hace referencia al proceso de producción de un servicio. Una de las características que condiciona el sistema de producción es que el cliente participa en la producción del servicio. Así, la servucción surge de esa interacción entre el personal, el cliente y la infraestructura (oficinas, ordenadores, etc.) y su objetivo es optimizar la gestión de los recursos para que las diferentes interacciones posibles sean satisfactorias.

Un buen diseño del sistema de servucción de la organización contribuirá a:

- Reducir costes.

- Generar confianza.

- Cumplir con las necesidades y expectativas del cliente.

- Establecer estándares de calidad.

- Lo que conlleva a alcanzar los objetivos propuestos.

Analizar y comprender la razón de las diferentes actividades, los elementos tangibles, el personal de contacto, los costes, la estructura y la estrategia de una organización, se traducirá en un mejor diseño y efectividad de la misma, y especialmente, en el cálculo de los costes de los servicios, elementos que posibilitarán el éxito de cualquier estrategia.

La utilización de herramientas de marketing estratégico permitirá a la organización predeterminar y gestionar los procesos que conforman la oferta total del servicio prestado, atendiendo a las necesidades del cliente y así crear valor.

Las nuevas características de los clientes, cada vez más exigentes y mejor informados, hacen que el estudio del proceso de servucción sea fundamental. Aplicando una adecuada servucción, conseguiremos mejorar la experiencia de los clientes y su nivel de satisfacción. Por eso es imprescindible analizar cada etapa del proceso.

Los autores establecen tres sistemas de base de la producción de los servicios. Todos ellos hacen referencia a un sistema de servucción con sus elementos, sus relaciones y su resultado, esto es, el servicio en sí mismo.

Sistema de base tipo 1

En esta tipología, tal y como se refleja en la figura, los elementos de base son las dos personas, el cliente y el personal de contacto; y el tercer elemento es el resultado, el servicio.

Figura 3.1. Sistema de base tipo 1.

Sistema de base de tipo 2

En esta tipología, como muestra la figura, los elementos de base son el cliente, y un producto. La interacción entre ambos elementos da lugar al servicio. En este caso, el sistema muestra el consumo de un bien tangible.

Figura 3.2. Sistema de base tipo 2.

Sistema de base de tipo 3

Este sistema es una combinación de los dos anteriores. La figura muestra un esquema del mismo, en el que tenemos cuatro elementos lo que hace que las interrelaciones entre los elementos sean más complejas.

Figura 3.3. Sistema de base tipo 3.

3.1.2. Los elementos del sistema de servucción

La fabricación del servicio en una empresa de servicios, esto es, su sistema de servucción queda reflejado en la siguiente figura:

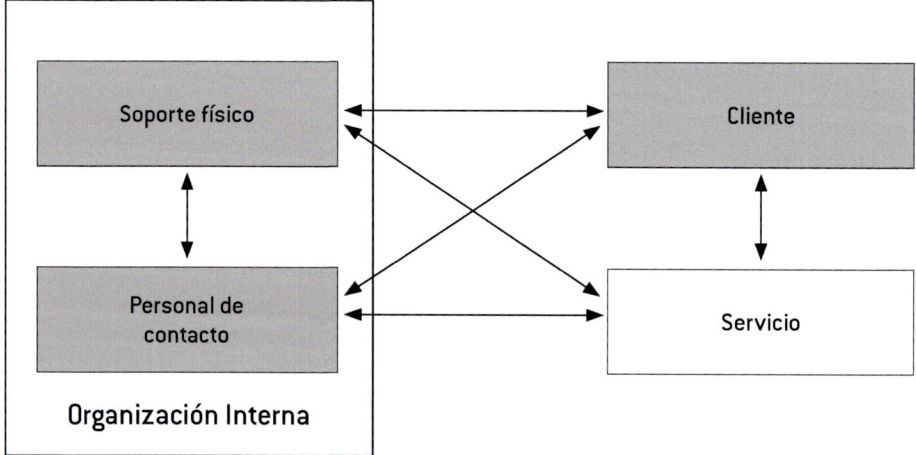

Figura 3.4. Los elementos del sistema de servucción. Eiglier y Langeard (1993).

Analizaremos, a continuación, cada uno de los elementos del sistema. En primer lugar, nos centraremos en los tres elementos visibles: cliente, personal de contacto y soporte físico.

a) El cliente

Es el principal elemento en el proceso de prestación, ya que sin él no hay servucción, producción de servicios. Se trata del usuario del servicio, el consumidor, implicado en la prestación del servicio. Una de las particularidades del cliente en una empresa de servicios es que se constituye en un coproductor, y será responsable de gran parte de la calidad del servicio prestado.

Dado que el cliente es un integrante fundamental del sistema, es clave entender la secuencia de los actos de participación que el cliente lleva a cabo en la servucción para beneficiarse con el servicio ofrecido.

Dichos actos son los siguientes:

- Actos intelectuales de comprensión, investigación o evaluación que preceden a una toma de decisión: ¿Está abierto? ¿Qué actividades pueden realizarse? ¿Cuál es su nivel de precios?

- Actos verbales para completar la toma de decisión o adelantar el desarrollo del servicio: ¿Tiene disponible el servicio? ¿Cuánto cuesta?

- Actos físicos indispensables para la realización del servicio: abrir la puerta de entrada, acercarse a la recepción, presentar el dinero o una tarjeta de crédito.

- Actos de espera entre secuencias: esperar que alguien le atienda, esperar que le entreguen el servicio, esperar que le cobren, esperar para hacer el *chek in* o el *chek out*.

Hacer un repaso de todos los actos que debe realizar el cliente y ponerse en su lugar ayudará sin duda a que la calidad del servicio sea mejor. Asimismo, es importante analizar cuál es el medio material o soporte físico y de comportamiento, o función del personal en contacto que va a permitir la resolución positiva de la demanda del cliente.

b) El soporte físico

La calidad del servicio depende en gran medida del soporte físico y este se estructura en torno a: ambiente, accesibilidad, decoración, localización, etc. Incluye todos los elementos materiales, los recursos necesarios para el servicio y el entorno material en el que se presta el servicio:

- *Los recursos necesarios para el servicio*: incluye aquellos bienes que deben estar presentes para que la empresa pueda ofrecer el servicio a usar por el cliente. En un hotel serían los muebles de la habitación, las toallas, los muebles de la recepción, etc.

- *El entorno material*: incluye todo aquello que se encuentra alrededor de los recursos como la localización, el edificio, el decorado o la accesibilidad.

c) El personal de contacto

Junto con los clientes componen las variables humanas del proceso. Es el personal que interviene directamente en la prestación del servicio interactuando con el cliente. La función del personal constituye la parte esencial de la servucción, dado que sus comportamientos inciden directamente en la calidad del servicio, bien en respuesta a una demanda del cliente o bien para anticiparse a sus expectativas. Esto se concreta en frases de bienvenida, en la identificación precisa de la demanda o controlar los tiempos de ejecución del servicio.

El personal de contacto debe cumplir una doble función:

a) Función operacional: en la medida que debe realizar aquellas tareas de las cuales depende el proceso de servucción como efectuar pedidos, realizar presupuestos, organizar el comedor, etc. No siempre debe interactuar el cliente.

b) Función relacional: ya que interactúa con los clientes de manera constante. Tres conjuntos de elementos constituyen lo relacional:

- Elementos visuales: incluye todo aquello que se ve: el orden, la limpieza, el estado del soporte físico, la apariencia del personal o el uniforme.

- Elementos gestuales: es el comportamiento del personal de contacto.

- Elementos verbales: las expresiones que utiliza el personal de contacto. Normas de educación y cortesía, expresiones de bienvenida, el timbre de la voz, respetuosidad, etc.

Es importante señalar que, en el caso de algunos servicios turísticos, así como la existencia del cliente es indispensable, puede no existir la participación directa del personal de contacto. Este es el caso de los procesos de *check-in* a través de dispositivos móviles, los procesos a través de Internet, la habitación del hotel, etc.

Como resultado de la interacción de estos tres elementos se obtiene el cuarto elemento: el servicio.

d) El servicio

Es a la vez el objetivo y resultado del sistema.

> **Servicio**
>
> Un servicio es cualquier acto o desempeño que una parte puede ofrecer a otra y que es en esencia intangible y no da origen a la propiedad de algo. Su producción podría estar ligada o no a un producto físico.

Además de estos elementos, el sistema de servucción debe contar con otros dos adicionales: el sistema de organización interna y los demás clientes.

e) **El sistema de organización interna**

Está constituido por todas las funciones clásicas de la empresa: financiera, marketing, personal, etc. En el caso de los servicios turísticos incluye, además, funciones específicas necesarias para la prestación del servicio, como es el caso del mantenimiento, limpieza o suministros. Este sistema influye directamente sobre el personal de contacto y sobre el soporte físico, tal y como se refleja en la figura anterior.

f) **Los demás clientes**

Hay que gestionar la interacción entre clientes para garantizar que no afecte negativamente a la experiencia.

Al considerar la servucción como un sistema, tienen lugar ciertas relaciones entre todos los elementos, en este caso, existen interacciones entre clientes, que producen una serie de efectos indirectos sobre el servicio, con las consecuencias que esto acarrea sobre la calidad del servicio prestado y la satisfacción obtenida.

3.2. Peculiaridades de la aplicación del sistema de servucción para la creación y desarrollo de productos turísticos locales

Los prestadores de servicios deben tener en cuenta una serie de aspectos importantes a la hora de aplicar el sistema de servucción: la planificación, la segmentación de los clientes, la gestión de la capacidad y la gestión de la calidad.

3.2.1. Panificación

En la servucción nada debe quedar confuso y nada debe dejarse al azar, sino que la producción de servicios debe estar planificada.

El punto de partida de este plan debe ser la identificación del tipo cliente al que nos queremos dirigir y para el que debemos responder a la pregunta ¿qué demandas presenta este cliente?

A continuación, se deben identificar los elementos necesarios para la presta-ción del servicio, esto es, deberemos responder a las siguientes preguntas:

- ¿Qué características debe presentar nuestra oferta para atender a este clien-te? Tendremos que definir el servicio y sus características de forma rigurosa.

- ¿Qué soporte físico requiere nuestra oferta?

- ¿Qué necesidades de personal necesitamos para ofrecer el servicio?

Esta planificación permitirá a las empresas y organizaciones turísticas una es-pecialización que, a su vez, contribuirá a mejorar la calidad de los servicios.

3.2.2. Segmentación del mercado

Segmentar el mercado consiste en agrupar a los clientes en grupos homogé-neos que presentan características, demandas y comportamientos de compra similares. La segmentación toma como punto de partida el reconocimiento que el mercado es heterogéneo y pretende dividirlo en grupos homogéneos. De esta manera, la empresa podrá adecuar su oferta de productos y servicios a las ca-racterísticas del mercado. Uno de los elementos del éxito de un sistema de ser-vucción es la capacidad de segmentar adecuadamente e mercado.

Segmento
Es un grupo de personas, relativamente grande y homogéneo, que tienen deseos, poder de compra, ubicación geográfica, actitudes de compra o hábitos de compra similares y que reaccionarán de manera parecida ante el marketing mix.

3.2.3. Gestión de la capacidad

Una de las primeras decisiones estratégicas que la empresa de servicios debe tomar es definir la capacidad de la servucción. Ella va a determinar el nivel de la inversión, y como consecuencia el de la rentabilidad por su adaptación o no al mercado en el que actúa. Para ello es importante preguntarse:

- ¿Cuál es la dimensión del sistema de servucción que será instalado?

- ¿Cuántas unidades de servicio podrán ser «producidas» en una unidad de tiempo dada?

- ¿Cuántos clientes podrán ser servidos en un día?

- ¿Cuántos clientes podrán ser servidos al mismo tiempo?

- ¿Bajo qué condiciones de calidad (colas de espera, disponibilidad de perso-nal, etc.)?

Esta decisión es crítica, ya que:

- La capacidad es físicamente limitada. Esto implica que, para una capacidad dada, pueda que sea difícil, hasta imposible o muy oneroso, aumentar la capacidad del sistema de servucción. Esto podrá implicar una mayor inversión en costos fijos, que en relación con la contribución marginal del servicio ofrecido minimice la rentabilidad operativa por el grado de apalancamiento operativo generado.

- La dimensión del sistema de servucción constituye uno de los determinantes del nivel de servicio ofrecido, dado que, por la intangibilidad del servicio, no se almacenan. La demanda y la servucción están en relación directa.

- Cuando la demanda no presenta forma regular (en la mayoría de los casos), se encuentra presente el fenómeno de la estacionalidad, y hace que, sobre la base del año, del mes, de la semana o del día, se encuentren períodos altos y bajos. El sistema de servucción tendrá pues una sobrecapacidad en los períodos bajos y se verá subcapacitado en los períodos altos.

La decisión sobre capacidad debe apoyarse en un conocimiento casi perfecto del mercado, en términos de volumen, estacionalidad y de competencia. Solo la instalación y el funcionamiento en el tiempo de la servucción proporcionan información adecuada.

3.2.4. Gestión de la calidad

En la actualidad, la calidad es una exigencia del ciudadano en su relación con las organizaciones, independientemente del tipo de estas. Pese a que el concepto de calidad es relativo y variable, no goza de una definición aceptada universalmente; depende de quién, para quién y para qué, entenderemos que la calidad está referida a la totalidad de funciones y características de un producto o servicio, orientadas a satisfacer las necesidades de un usuario determinado.

Aunque el servicio es intangible, es necesario determinar parámetros de medida claros que consideren los elementos tangibles, como referencia para lograr resultados, satisfacer al cliente y propiciar una mejora continua. En este sentido, toda organización tiene que adoptar un sistema de gestión que incluya los elementos tangibles y no tangibles para poder evaluar los procesos involucrados en la fabricación del servicio. Dentro del proceso de servucción la calidad se mide a través de tres dimensiones: el resultado, los elementos de la servucción y el proceso en sí mismo.

El resultado: un servicio será de buena calidad si satisface las necesidades y expectativas de los clientes. Para dar satisfacción al cliente es necesario conocer sus expectativas, necesidades, gustos y preferencias y diseñar la oferta de servicios que mejor se adapte a esas expectativas y deseos. Este diseño de la oferta debe incluir elementos de evaluación y medida para conocer si se cumplen los objetivos, los puntos a mejorar y los puntos fuertes.

Los elementos de la servucción: esta calidad depende del binomio producto/cliente en el que se reconocen dos aspectos básicos:

- Calidad intrínseca de cada uno de los elementos:

  — Del soporte físico: accesibilidad, limpieza, estado de mantenimiento, facilidad de uso, etc.

  — Del personal de contacto: eficacia, cualificación, presentación o disponibilidad.

  — De los otros clientes: similitud de segmento, eficacia de su participación, etc.

- Calidad percibida: satisfacción de las expectativas del usuario.

El proceso: incluye el conjunto de las interacciones necesarias para la fabricación del servicio. Así, se medirá la fluidez y la facilidad de las interacciones, su secuencia, si son adecuadas con las expectativas del cliente o con el servicio buscado.

Para medir la satisfacción del servicio se puede partir de características e indicadores generales. Se señalan, en primer lugar, un grupo de indicadores cuantitativos relativos a la cantidad, un número o grado. Estos hacen referencia entre otros aspectos a: ¿cuánto tiempo tiene que esperar para ser atendido en recepción? ¿Cuánto tiempo se tarda en entregar una comanda en un restaurante? ¿Cuántas llamadas hace para una reserva en un hotel?

En segundo lugar, se utilizan los indicadores cualitativos: aquellos vinculados a la temperatura, sabor, estética, atención y confianza en el servicio; y los relativos a las relaciones interpersonales, por ejemplo, ¿cómo valora el trato que le dan en recepción? ¿Le agrada a su cliente la temperatura de su habitación? ¿Le agrada la música que ponen en el restaurante? Cuando presenta una queja, ¿le han atendido adecuadamente?

MAPA CONCEPTUAL

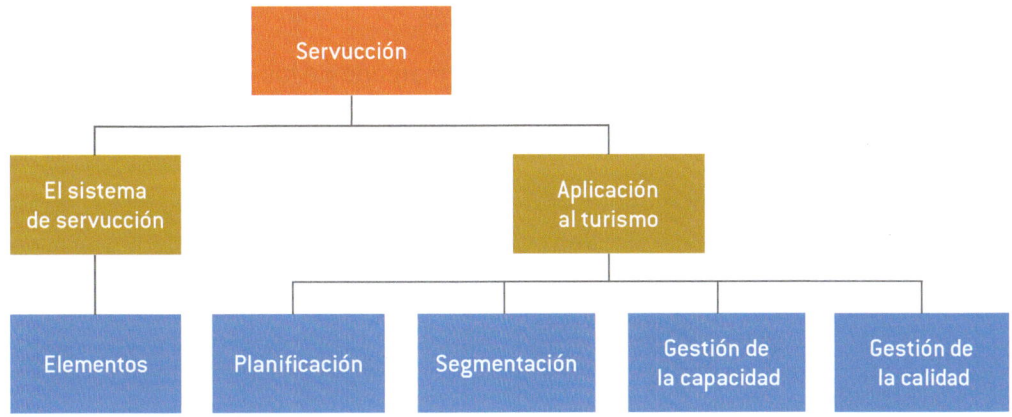

RESUMEN DE CONTENIDOS

El concepto de servucción está relacionado con una visión particular de la gestión de las empresas u organismos prestadores de servicio, que se fundamenta en la aplicación de un modelo gerencial que equipara la «producción» como fabricación del producto, con la «servucción» como la fabricación del servicio.

El concepto de servucción aporta una visión particular de la gestión de las empresas, que se contempla como el sistema de producción del servicio, es decir, la parte visible de la organización en la que se producen, distribuyen y consumen los servicios.

La servucción es la organización sistemática y coherente de todos los elementos físicos y humanos de la relación cliente-empresa necesaria para la realización de una prestación de servicio cuyas características comerciales y niveles de calidad han sido determinados.

La servucción debe ser entendida como el proceso de elaboración de un servicio, el cliente solo visualiza su resultado y es el protagonista principal.

Para el proceso de servucción es importante contar con los elementos como el soporte físico, personal de contacto, el cliente y el servicio, ya que estos forman parte sustancial para la creación de los servicios.

La servucción plantea elementos clave que permiten a la empresa concienciarse de la importancia de cada uno de los recursos que esta posee y de la valiosa aportación de cada uno de ellos para alcanzar sus objetivos.

En la servucción el cliente es un integrante fundamental a la vez es productor y consumidor. Por lo tanto, es primordial entender la importancia que tiene el cliente dentro de los procesos de servucción.

La fuerte presión competitiva dentro del mercado de los servicios exige a las empresas realizar análisis y aplicar estrategias que les permitan entregar servicios de calidad.

El gran aporte de este enfoque es que pone el acento en la calidad de los servicios como resultante del sistema de servucción, característica diferencial cada vez más importante para la supervivencia de las empresas.

GLOSARIO

Segmento. Es un grupo de personas que tienen deseos, poder de compra o hábitos de compra similares.

Servicio. Es cualquier acto o desempeño que una parte puede ofrecer a otra y que es en esencia intangible y no da origen a la propiedad de algo.

Servucción. Es la organización sistemática y coherente de todos los elementos físicos y humanos de la relación cliente-empresa necesaria para la realización de una prestación de servicio cuyas características comerciales y niveles de calidad han sido determinados.

ACTIVIDADES DE APLICACIÓN

Selecciona un restaurante, una compañía aérea y una empresa que ofrece actividades para los turistas que acuden a un destino turístico. ¿Cuáles son los elementos de servucción de cada uno de ellos? ¿Cuáles son similares? ¿Y cuáles son diferentes?

AUTOEVALUACIÓN

1. Podemos afirmar que la servucción es a los servicios, lo mismo que la producción a los productos.

    a) Verdadero.

    b) Falso.

2. La servucción es la relación entre tres elementos: _____ , _____ y _____ .

3. A continuación, se presentan una serie de acciones que lleva cabo un cliente. Identifica con qué tipología de actos se corresponden.

   a. Preguntamos en la entrada del Museo Guggenheim. Está lloviendo y vamos con niños, ¿ofrece el museo algún tipo de actividad?

      a) Intelectual.

      b) Verbal.

      c) Físico.

      d) De espera.

   b. El cliente llega al aeropuerto al mostrador de facturación.

      a) Intelectual.

      b) Verbal.

      c) Físico.

      d) De espera.

4. La calidad se compone de dos elementos, calidad intrínseca y ___:

   a) Calidad esperada.

   b) Calidad percibida.

   c) Calidad proyectada.

5. Incluye el conjunto de las interacciones necesarias para la fabricación del servicio, hablamos de:

   a) Calidad.

   b) Capacidad.

   c) Proceso.

   d) Resultado.

4. Utilización de las tecnologías de la información para la promoción del destino y para la creación y promoción de productos turísticos del entorno local

Contenidos

4.1. Introducción

Las posibilidades que ofrece la digitalización al sector turístico son infinitas. Hasta hace unos años, las compras *online* o comercio electrónico eran el futuro digital que disfrutábamos en el presente. Sin embargo, hoy las nuevas tecnologías, medios sociales, aplicaciones de geolocalización, buscadores de información, webs de comparativas de precios o agencias de viajes *online* han dado paso a un nuevo escenario turístico, uno de los sectores que mejor ha sabido aprovechar las posibilidades que brinda el universo digital.

Los cambios de hábitos en el consumidor que afectan a la comercialización y promoción de los productos y servicios turísticos son los siguientes:

*   Muy exigente en precio.

*   Ha viajado más.

*   Mayor nivel económico.

*   Tercera edad más viajera.

*   Más habituado a la tecnología.

*   Le da más importancia a los valores añadidos.

*   Quiere respuestas rápidas.

*   Consume más servicios sueltos.

*   Más exigente en calidad.

*   Viajes cortos y continuados.

*   Influenciado por las *low cost*.

*   Más exigente en seguridad.

*   Preocupado por la sostenibilidad.

Todo ello ha transformado el modelo de comercialización y promoción del sector turístico. Tras la pandemia, de acuerdo a la página web de la empresa Marketing 4 Commerce (M4C) https://marketing4ecommerce.net/7-tendencias-para-el-sector-de-viajes-y-turismo-para-el-consumidor-de-hoy/, el nuevo consumidor turístico queda caracterizados por:

*   El teletrabajo favorece la posibilidad de viajar y trabajar en lugares diferentes al domicilio habitual.

*   Flexibilidad de cancelación para poder recuperar el dinero invertido en caso de imprevistos.

- El móvil es el principal dispositivo para gestionar los viajes. Por ello, se requiere que las webs tengan accesibilidad a este dispositivo.

- Nuevos medios de pago, seguros y fiables.

- Viajes sostenibles

- *Slow travel,* huyendo de las masas y buscando el disfrute personal y las experiencias auténticas.

Las TIC en las diferentes fases del viaje

Para la mayoría de los consumidores el proceso de entrada en Internet se está produciendo directamente desde los *smartphones.* Los viajeros tienen en un mismo dispositivo la cámara de fotos, ordenador, notas de viaje, contactos, guías temáticas, tarjeta de embarque, llave de acceso a la habitación del hotel, asesor personal, postales de recuerdos, decenas de *apps*, teléfono, herramientas de comunicación, de búsqueda de información, juegos, etc. Su primer ecosistema social y *online* se produce en un dispositivo que lleva consigo 24 horas, del que no puede prescindir (Minube, 2013).

Así, más del 95 % de los viajeros de hoy en día utilizan los recursos digitales en el transcurso de su viaje, ya sea antes, durante o después, según The Boston Consulting Group.

Veamos cómo afecta esta situación a las diferentes etapas del ciclo del viaje:

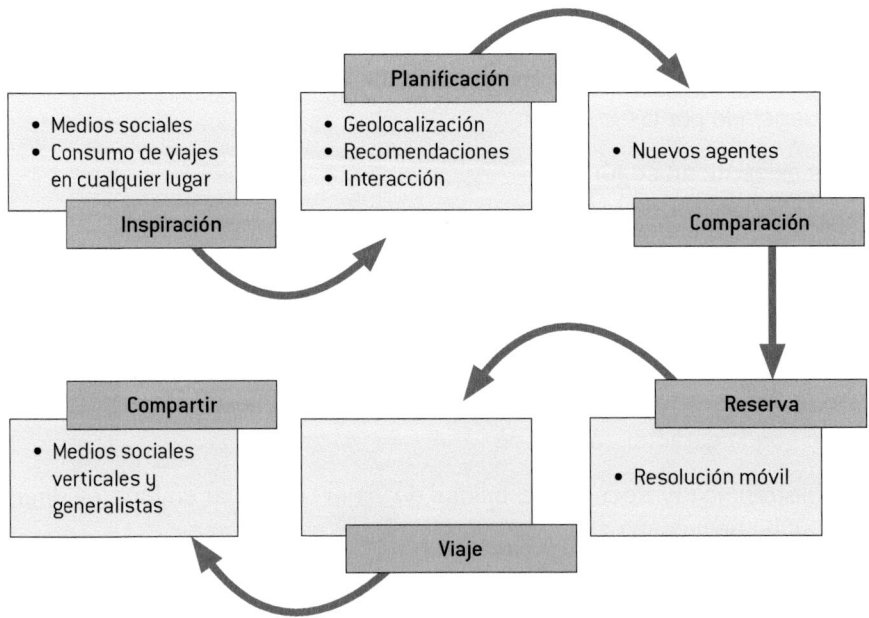

Figura 4.1. Internet en las fases del viaje. Elaboración propia a partir de Minube (2013).

Los dispositivos móviles han modificado todas las fases del ciclo del viaje, incluso la propia secuencia del viaje. De manera que, gracias a los *smartphones*, se pueden consumir viajes en cualquier momento y en cualquier lugar:

- Inspiración: es el momento de buscar un nuevo destino. Los usuarios se dejan aconsejar por otros, por lo que ganan protagonismo los medios sociales, las opiniones y las recomendaciones. Los medios sociales, los blogs, las páginas corporativas, las páginas de los destinos turísticos, etc., son una fuente de inspiración para otros usuarios, cobrando relevancia los contenidos multimedia.

- Panificación: una vez elegido el destino, comienza la fase de planificación. El usuario querrá dar respuesta a preguntas como: ¿dónde dormiré?, ¿qué voy a hacer?, ¿qué visitar? o ¿dónde comer? De nuevo, cobran importancia las recomendaciones frente a las opiniones, y la geolocalización, así como las *app* para móviles. A través de los *smartphones* podemos contar con acceso a internet.

- Comparación: antes de la llegada de Internet la principal fuente de comparación a la hora de realizar un viaje eran las agencias de viajes físicas. Con la llegada de Internet, han cobrado un mayor protagonismo las OTA (agencias de viajes *online*), donde los viajeros pueden comparar precios de manera instantánea.

  Además, dado que cada vez tenemos menos tiempo y un mayor volumen de información, se ha favorecido la aparición de nuevos intermediarios tanto de la información como de la planificación. En esta fase, los usuarios demandan más sencillez, más simplicidad, más presencia de recomendaciones de otros usuarios, y mucho más contenido audiovisual.

  La aparición de los denominados *metabuscadores* ha simplificado y facilitado esta tarea de comparar. Trivago, Booking, Kayak, Agoda, Hoteles.com, Skyscanner son ejemplos de los principales buscadores. Ahorran tiempo a los viajeros buscando por ellos y dirigiéndoles directamente al proveedor para realizar allí la compra.

- Reserva. El proceso de reserva ha sido uno de los que más impacto ha recibido de la revolución móvil, principalmente, porque ha roto la distancia que había hasta llegar a la etapa del viaje al destino. Los viajeros utilizan para hacer la reserva las agencias de viaje *online*, las páginas de los transportes, las páginas de ventas de entradas, las páginas de los propios alojamientos, los buscadores de alojamientos, etc. Por eso, cada vez más empresas optan por la venta directa.

- Viaje. El móvil se convierte en un agente de viajes personalizado, que invierte el proceso y propone la planificación y comparación de opciones una vez realizada la reserva e incluso llegado al destino. Gracias a sus redes sociales están en permanente contacto con otros usuarios lo que les permite conocer los mejores sitios para comer, museos abiertos, consejos útiles, rincones especiales, transporte, etc. En este caso la respuesta de la gente del lugar tiene un valor crucial.

- Compartir: ganan protagonismo los medios sociales, en cualquier momento y en cualquier lugar. Y lo importante de esta fase es que sirve de inspiración para otros usuarios.

4.2. Webs y portales turísticos. Tipologías y funcionalidades

4.2.1. Diferencias entre página web, sitio web y portal

Página web
Es una fuente de información adaptada para la *World Wide Web* (www) y accesible mediante un navegador de internet.

Las páginas web suelen ser corporativas, esto es, pertenecen a una empresa, cadena o grupos de empresas, una persona, un destino, etc.

Un sitio web es un conjunto de páginas web a las que se accede a través de un URL raíz común a todas ellas y que se denomina portada. Cada sitio web tiene una página de inicio (en inglés *Home Page*), que es el primer documento que ve el usuario cuando entra en el sitio web poniendo el nombre del dominio de ese sitio web en un navegador. Cada sitio pertenece y es gestionado por un individuo, una compañía o una organización.

Un portal de internet es un sitio web cuya característica fundamental es la de servir de puerta de entrada a una serie de servicios y de recursos relacionados con un tema. Puede incluir enlaces, buscadores, foros, compra electrónica, aplicaciones, etc.

4.2.2. Definición de portal

El término portal tiene como significado puerta grande, y precisamente su nombre hace referencia a su función u objetivo, ya que lo podemos definir de la siguiente manera:

Portal

Es el punto de entrada a Internet donde se organizan y concentran los contenidos del propietario del mismo.

A través del portal podemos acceder a multitud de recursos y de servicios, entre los que suelen encontrarse buscadores, foros, documentos, aplicaciones, compra electrónica, etc. Por lo tanto, podemos afirmar que el objetivo principal del portal es ayudar a los usuarios a encontrar lo que necesitan sin salir del mismo, fidelizándolos e incentivándoles a utilizarlo de forma continuada.

Todo portal debe cumplir tres características para que sea atractivo, genere tráfico y sea útil:

- Información (buscadores, directorios, noticias, catálogos y servicios).

- Participación (*e-mail*, foros, chat).

- Comodidad (brindar la mayor cantidad de información en un solo espacio y tenerlo todo a mano).

4.2.3. Tipos de portales

De acuerdo con Walia Merino Vallina (2001), los portales pueden ser aprovechados de muchas formas, todo depende de la utilidad que se le quiera dar. Generalmente, cumplen tres utilidades principales, estas son: contenido, comercio y comunidad.

- Ofrecer todo tipo de contenidos e informaciones.

- Comercialización de los contenidos.

- Formación de comunidades virtuales.

Básicamente comunidad significa que el tema es común, un portal con unas comunidades basadas en intereses muy específicos.

El contenido. Los miembros de esa comunidad buscan tener un contenido, el cual pueden compartir y del cual pueden aprender y por supuesto acceder a la información.

Y comercio es ahí donde al crearse la comunidad, que está directamente relacionada con el contenido, donde el contenido es aquello que sigue atrayendo a los miembros de esa comunidad hacia el portal de una manera fiel, no casual y esporádica, una y otra vez. De esa necesidad, de esos contenidos altamente refinados nace la necesidad de comercializarlos. Ese comercio puede realizarse de muchas maneras, no necesariamente de la forma tradicional.

Los portales, según sus características principales, se clasifican en:

- **Portales horizontales.** También llamados portales masivos, se dirigen a todo tipo de usuarios, con contenidos de carácter general. Son portales para usuarios no muy experimentados en el mundo de Internet a los que se les brinda una gran gama de información y servicios sin obligarles a navegar por varios sitios para obtenerlos. Estos sitios casi han desaparecido en detrimento de los portales especializados. Podemos encontrar comunidades virtuales, foros, buscadores, chats, *e-mail*, etc. Por ejemplo, MSN.

- **Portales verticales**: ofrecen contenidos de un sector en particular, como es el caso de los portales turísticos. Por ejemplo, Minube o Tripadvisor.

- **Portales diagonales**: son una mezcla entre los dos anteriores. Utilizan los medios sociales o aplicaciones generalistas y los complementan con contenidos o utilidades dirigidas a un público concreto.

- **Portales especializados**: surgen a partir de la demanda de los usuarios de un sitio más especializado en sus áreas de interés tanto particulares como profesionales y que los portales horizontales y verticales no son capaces de llenar por tener contenidos demasiados generales o superficiales.

Ejemplo

SEGITTUR gestiona el portal de turismo de España, www.spain.info, propiedad de Turespaña, considerado uno de los portales de turismo internacionales pionero en el sector. www.spain.info da respuesta a las necesidades del turista digital e introduce, por primera vez, la comercialización del producto turístico español, aunque la compra se realiza en la web del proveedor.

La nueva versión de www.spain.info, publicada en julio de 2020, apuesta por un nuevo diseño dinámico, de impacto visual y por contenidos que inspiren al turista mediante las nuevas tendencias digitales. Esta renovación del portal responde también a la plena integración con el Plan Estratégico de Márketing de Turespaña, con una orientación total al consumidor y a la segmentación y personalización a las fases del customer journey *(soñar, descubrir y planificar).*

www.spain.info mejora la experiencia del turista siendo más inspirador, más social, más interactivo, con una navegación más sencilla e intuitiva, donde el diseño, con un mayor contenido visual incita a conocer los atractivos turísticos de nuestro país. Pero además, por primera vez, el turista puede acceder a la reserva de todo lo necesario para su viaje a España, desde el transporte hasta el alojamiento, pasando por los servicios a disfrutar en el destino.

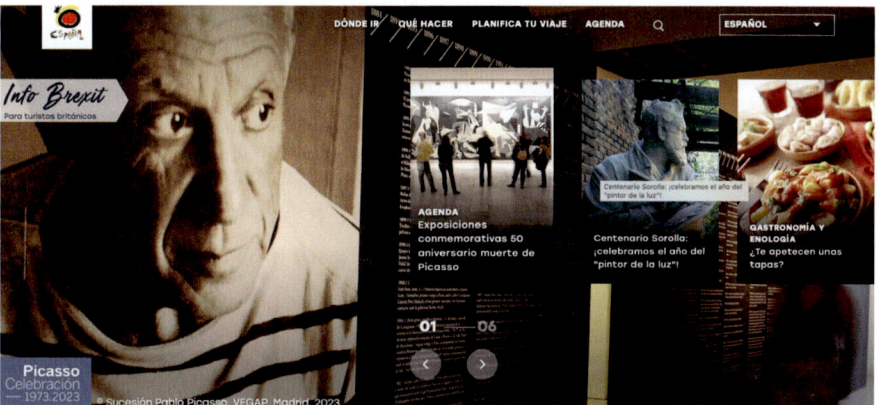

Figura 4.2. www.spain.info

Con esta nueva versión se pretende ofrecer a todo el sector privado un nuevo canal de venta, ya que la compra final siempre se lleva a cabo en la página web del proveedor del servicio.

Spain.info está disponible en dieciocho idiomas y cuenta con 25 versiones locales personalizadas tanto para los mercados tradicionales como para los emergentes: Brasil, Rusia, India o China.

Las novedades de www.spain.info incluyen:

- *Contenidos inspiracionales y mejora de experiencia de usuario en navegación y usabilidad*

- *Implementación de la filosofía mobile first*

- *Nuevas funcionalidades que ayuden al turista a planificar su viaje*

- *Integración de las redes sociales para compartir contenido*

- *Optimización del desarrollo tecnológico para mejorar el SEO*

- **Portales corporativos**: son una prolongación de la intranet de las empresas, donde se ofrece información de la empresa a sus empleados así como también acceso a web públicas u otros sectores de portales verticales. Incluyen ayudas internas para buscar documentación, personalizar el portal para diferentes grupos de usuarios, etc.

Ejemplo

Meliá cuenta con el Portal del Empleado, una ventana a la comunicación interna y al conocimiento de todo lo que es, representa, vive, y ofrece Meliá Hotels International a todos los que trabajan en ella. Un espacio virtual para difundir y compartir información, que se ha ganado un sitio entre nuestras citas diarias.

- **Portales móviles**: son sitios que permiten la conexión de los usuarios tanto desde Internet como desde un *smartphone* o tableta. Dichos portales se están abriendo camino a nivel de empresas para realizar negocios ofreciendo productos o servicios a los usuarios.

Ejemplo

La versión móvil del portal oficial del turismo de España mejora la experiencia del usuario con una navegación más práctica y sencilla, acceso más rápido a la información, mensajes breves adaptados espacio disponible y geolocalización de los recursos.

Está disponible en cuatro idiomas (español, inglés, francés y alemán) con contenido, imágenes y herramientas optimizadas para dar respuesta a las necesidades del viajero, para quien el móvil se ha convertido en una herramienta imprescindible para la organización del viaje.

4.2.4. Las webs y portales turísticos

Las organizaciones turísticas pueden aprovechar de manera especial las ventajas que ofrece un portal en Internet para presentar su oferta al público.

El primer contacto con un destino turístico en internet es la página web del mismo. Su funcionamiento y prestaciones son fundamentales para el viajero a la hora de decantarse por un enclave para disfrutar de su tiempo de ocio.

Además, puede ser de gran interés durante el desplazamiento, facilitando información práctica e incluso las reservas. Y su utilidad se mantiene una vez finalizado el viaje, si pone a disposición del usuario herramientas para compartir su experiencia.

El sitio web puede ser un factor diferenciador a la hora de elegir entre dos destinos turísticos, por lo tanto tratar de ofrecer una experiencia de navegación satisfactoria tiene que ser el objetivo de las marcas. El propósito de toda página web tiene que ser generar actitudes positivas hacia la marca que deriven en la intención de visitar el destino.

Por ello, el Portal de Turismo es una de las piezas fundamentales de cualquier producto, servicio o destino turístico en su estrategia de comunicación, ya que a través de él se transmiten sus valores.

El diseño del portal debe centrarse en el potencial cliente de forma que le permita:

- Fácil acceso los contenidos y servicios, garantizando la usabilidad y accesibilidad mediante el cumplimiento de la normativa al efecto.

- Acceso desde múltiples dispositivos.

- Promocionar la participación con la incorporación de características Web 2.0.

- Definir e implementar estrategias de comunicación en los medios sociales.

- Ofrecer contenidos de calidad y específicos para los diferentes usuarios.

- Facilitar a los usuarios la personalización de los contenidos.

- Facilitar el trabajo de los profesionales de los medios de comunicación, mediante la personalización de los contenidos ofrecidos.

Asimismo, cada destino turístico, a través de su portal, dispone de una herramienta que le permite:

- Actualizar los contenidos de forma ágil y rápida.

- Gestionar los recursos gráficos de forma sencilla.

- Internacionalizar los contenidos y controlar el ciclo de vida de los mismos.

- Categorizar los contenidos y facilitar su reutilización y enriquecimiento.

- Monitorizar el uso del portal mediante el uso y explotación de herramientas de estadística y análisis de la información.

- Conocer la repercusión de los contenidos en los diversos medios sociales.

- Facilita el intercambio de información y puesta en común de información relevante con las ciudades y administraciones con las que el destino mantiene acuerdos de colaboración.

4.3. Alojamiento y posicionamiento de las páginas en la Red. Buscadores

4.3.1. Posicionamiento en Internet

Cuando iniciamos una búsqueda en internet, tal y como se ilustra en la siguiente figura, aparecen en primer lugar, y marcados como patrocinados, resultados que han sido pagados, esto es, los anuncios o publicidad. A continuación, comienza la zona de resultados de búsqueda no pagados, el denominado posicionamiento orgánico o natural.

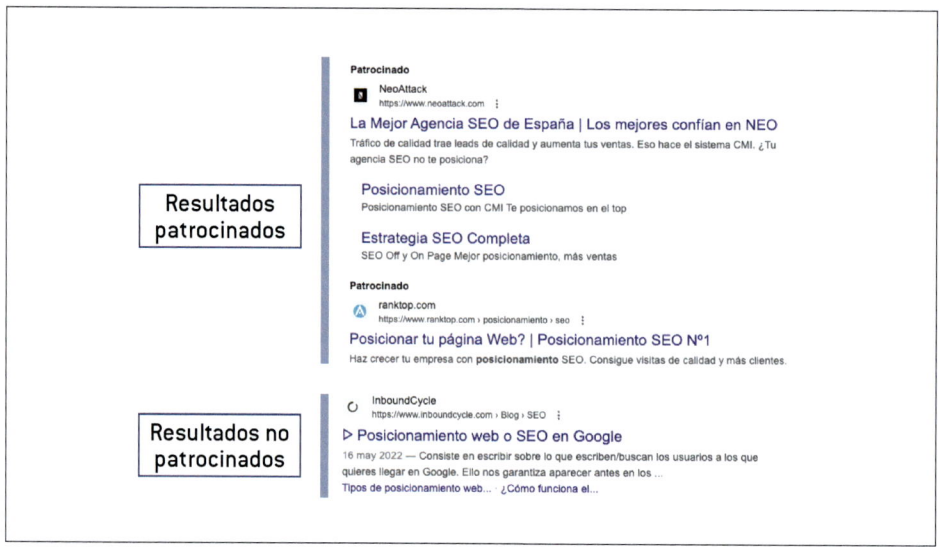

Figura 4.3. Posicionamiento en web.

Google modifica periódicamente la forma en la que presenta los resultados de búsqueda. Así, por ejemplo, si buscamos hoteles en una ciudad, aparece una lista con resultados de hoteles y un mapa donde se muestran esos mismos resultados. En la versión para móviles, los resultados aparecerán solo en uno de esos dos formatos. De forma predeterminada, estos resultados se ordenan por relevancia. Para hacerlo, se tienen en cuenta numerosos factores, como los términos de búsqueda y diferentes aspectos de los hoteles, entre ellos ubicación, precio y valoraciones y reseñas de los usuarios. Aunque es posible que los resultados se personalicen según la actividad de navegación y las búsquedas recientes en Google.

En resumen, para aparecer en las primeras posiciones, las empresas turísticas tienen dos opciones, bien pagar por ello, bien realizar un trabajo de SEO o posicionamiento web, que nos ayude así a alcanzar esos primeros puestos de forma gratuita y natural.

Posicionamiento web (Alojamientos conectados, s.f.)
Se refiere al conjunto de técnicas y prácticas orientadas a mejorar la visibilidad de un sitio web en Internet y su posición en la lista de resultados de los buscadores de contenidos más utilizados por los usuarios.

También es frecuente nombrarlo por su título inglés, SEO (*Search Engine Optimization*) y se refiere al trabajo o las técnicas necesarias para alcanzar, en forma natural, las primeras posiciones en los resultados de búsqueda de los buscadores. Podemos decir entonces que lo fundamental del posicionamiento es que nos encuentren, no que nos busquen cuando se realizan búsquedas relacionadas con nuestro producto o servicios.

El posicionamiento en buscadores se ha convertido en una de las estrategias de marketing *online* más importantes con las que cuentas las empresas y destinos turísticos, ya que nos proporciona visibilidad. La ventaja de esta visibilidad es que el usuario busca de forma voluntaria un servicio, producto o información. Y esta búsqueda surge de una necesidad que, en algunos casos, puede suponer el inicio de un proceso de compra, ya sea en su fase de inspiración, planificación, comparación o reserva.

Hoy en día, para obtener una ventaja competitiva, incluso para conseguir una mayor cuota de mercado, es clave posicionar nuestra marca de manera adecuada. Como hemos indicado con anterioridad, nos encontramos ante una situación de «infoxicación», en la que los consumidores se sienten sometidos a una saturación de información, por lo que, nuestra posición en los sitios de búsqueda debe provocar la atracción del consumidor a nuestro sitio web. El SEO permite controlar la posibilidad de aumentar las opciones de ser visible.

Un 70 % de los usuarios solo tiene en cuenta los enlaces de la primera página de resultados de un buscador antes de hacer clic para consultar la información que busca. Por ello, debemos mantener nuestro sitio web actualizado y con contenido relacionado al producto o servicio para mejorar nuestra posición en los buscadores.

De acuerdo con Alojamientos Conectados (s.f.), los elementos fundamentales que intervienen en el posicionamiento web son:

- **Los motores de búsqueda**: son los que situarán nuestro sitio web en una posición u otra en su lista de resultados cuando el usuario introduzca los términos de búsqueda de la información que quiere encontrar

- **Las estrategias de posicionamiento en web**: existen dos estrategias claramente diferenciadas. Por un lado, lo que se denomina posicionamiento natural u orgánico y por el otro, el posicionamiento a través del pago de enlaces patrocinados.

4.3.2. Motores de búsqueda en Internet: los buscadores

Los buscadores son sistemas informáticos que proporcionan listas de enlaces a los sitios web que contienen la información que los usuarios indican que quieren encontrar a través de la introducción de palabras clave en el buscador (Alojamientos conectados, s.f.).

Los buscadores tienen una base de datos propia donde van indexando la información que está contenida en los servidores web, cuyo funcionamiento es el siguiente:

- En primer lugar, recopilan y analizan los datos, esto es, se indexan y clasifican.

- Cuando el usuario introduce sus palabras clave, el buscador las compara con la información que tiene almacenada de cada página para encontrar las coincidencias.

- Con la lista de páginas que concuerdan con las palabras de búsqueda, el buscador crea la página de resultados recuperados.

Existen diversos buscadores globales, pero los tres con más uso en España son, por orden de preferencia de los usuarios: Google, Bing y Yahoo!

- Google: es a día de hoy el buscador más utilizado en el mundo a nivel general. Sin embargo, en algunos países asiáticos como Corea del Sur y China, el buscador Naver posee el primer lugar, aunque representan una parte muy importante de los usuarios. El buscador de Google incluye desde anuncios de texto sencillos hasta publicidad *display* o para móviles.

- Bing: anteriormente conocido como Live Search, Windows Live Search o MSN Search es el buscador de Microsoft. Bing tiene una página de inicio de búsqueda mucho más visual, comparada a la de Google que es simple y blanca. Incluye lista de sugerencias de búsqueda y un panel de explorador en el lado izquierdo que consiste en una lista de búsquedas relacionadas.

- Yahoo!: es considerado un portal de internet con un motor de búsqueda como una de las características claves del portal. Como montor de búsqueda, Yahoo! permite a los usuarios personalizar sus búsquedas con el servicio *My Yahoo! Search*, y les da la posibilidad de ir guardando su historial de búsquedas con comentarios personalizados.

Aunque existen miles de factores en los que un motor de búsqueda se basa para posicionar una página u otra, se podría decir que hay dos factores básicos: *la autoridad y la relevancia.*

- *La autoridad* es básicamente la popularidad de una web, cuanto más popular sea una página o una web más valiosa es la información que contiene. Este factor es el que un motor de búsqueda tiene más en cuenta dado que se basa en la propia experiencia del usuario, cuanto más se comparta un contenido es que a más usuarios les ha parecido útil.

- *La relevancia* es la relación que tiene una página frente a una búsqueda dada, esto no es simplemente que una página contenga un montón de veces el termino buscado (en los comienzos era así) si no que un motor de búsqueda se basa en cientos de factores *on-site* para determinar esto.

4.3.3. Estrategias de posicionamiento *online*

En este punto, analizaremos las diferentes líneas que se pueden adoptar para elaborar una estrategia de posicionamiento *online*, así como algunos conceptos necesarios para la implementación de estas estrategias.

4.3.3.1. Optimización del posicionamiento *on-site/off-site*

Para optimizar nuestro sitio web y ganar posiciones en los buscadores podemos definir dos estrategias diferentes. Por un lado, los elementos de programación propios de nuestro sitio web (*on-site*) y, por el otro, los elementos ajenos a nuestro sitio web (*off-site*) pero que mantienen las relaciones de nuestro sitio con los demás a través de los enlaces que permiten navegar por la red.

- Estrategia SEO *on-site*: se preocupa de la relevancia, asegurándose de que la web está optimizada para que el motor de búsqueda entienda lo principal, que es el contenido de la misma.

  Algunos de los factores SEO *on-site* más importantes son:

  — La velocidad de carga: rapidez con la que se carga tu página web. A mayor celeridad, mayor tráfico de usuarios. Google le presta mucha atención a este factor a la hora de ascender páginas en su ranking.

  — Contenido: es toda la información publicada en tu página web, mientras más valor y relevancia tenga, mucho mejor. Para Google el contenido es el rey.

  — Enlaces internos: todos los hipervínculos que mantienen a los usuarios dentro de tu página web.

  — URL: debes generar URL amigables, que le agraden al buscador.

  — Palabras claves: las *keywords* optimizadas para los motores de búsqueda.

- Estrategia SEO *off-site*: es la parte del trabajo SEO que se centra en factores externos a la página web en la que trabajamos. Estos elementos fortalecen la presencia de nuestro portal en la web, y aumentan su autoridad ante los ojos de los buscadores. Entre las acciones del SEO *off-site* están:

  — Enlaces externos: son todos los vínculos hacia nuestra página web, que provienen de portales que ya cuentan con autoridad, esto aumenta notablemente la relevancia de nuestro sitio en línea. Este elemento se conecta con un factor interno, el contenido, porque si nuestro contenido es relevante, las páginas web de autoridad lo usarán como enlace.

— Medios sociales: es aquí donde entra en juego el perfil y las publicaciones en los medios sociales. En este elemento es donde mantenemos actualizados a nuestros usuarios e interactuamos con ellos. La red social Google+ tiene cada vez más peso para los motores de búsqueda, por lo que es importante mantenerla en constante actualización.

4.3.3.2. Selección de palabras clave

Las palabras clave o *keywords* son una o varias palabras a través de las cuales los buscadores clasifican e indexan nuestro sitio web. La relación entre las *keywords* definidas en nuestro sitio web y las que utilizan los usuarios para encontrar los contenidos de búsqueda nos puede proporcionar una gran cantidad de tráfico de calidad a nuestro sitio web. Por ello, la elección de las palabras clave es uno de los aspectos fundamentales del posicionamiento web.

Como conocedores de nuestro negocio y, por lo tanto, de nuestro mercado, y gracias a nuestra experiencia y *knowhow*, podremos confeccionar una lista extensa que defina el contenido de nuestro sitio web o la actividad a la que nos dedicamos.

Una vez configurada una lista inicial, contamos, además, con una serie de herramientas de ayuda para la generación de *keywords*. Existen diferentes herramientas, el buscador Google proporciona varias herramientas gratuitas que nos pueden ayudar en esta labor: Google Trends, Google Insights, Google Adwords Keyword Tools etc. Estas herramientas nos pueden sugerir palabras claves con las que posicionar nuestra web en función de las estadísticas de búsqueda de los usuarios en Google.

Las palabras claves han de atender a los siguientes criterios:

Popularidad: frecuencia de uso por el total de los usuarios de los buscadores. A mayor frecuencia, mayor popularidad.

Competencia: a menor competencia, mejor puesto obtendremos en la lista de resultados de los buscadores. Se puede determinar la competencia introduciendo la palabra clave en el buscador para obtener el número de resultados totales que devuelve.

Tasa de conversión: el posicionamiento web no busca atraer tráfico a nuestra web sino clientes cualificados. Clientes interesados en nuestros productos y/o servicios con los que generar negocio.

De acuerdo con Google Adwords, las decisiones sobre palabras clave que debemos tomar son:

- Pensar como su cliente al crear la lista.

  Escriba las categorías principales de su negocio y, a continuación, escriba términos o frases relacionados con cada una de ellas. Incluya aquellos términos o frases que utilizarían sus clientes para describir sus productos o servicios.

  Ejemplo

  Un hotel rural con spa en Galicia puede empezar con algunas de las categorías básicas que podrían emplear los clientes, como «hotel rural en Galicia». Además, puede añadir «hotel con encanto» y «salud» si descubre que, normalmente, se usan estos términos para buscar su hotel. Amplíe la lista incluyendo los nombres de los productos y las marcas.

- Seleccionar palabras clave específicas para dirigirse a clientes específicos.

  Seleccione palabras clave más específicas que se relacionen directamente con clientes que puedan estar interesados en un producto o servicio concreto. Si utiliza palabras clave más específicas, su anuncio solo aparecerá para los términos que estén relacionados con su negocio. Sin embargo, tenga en cuenta que, si las palabras clave son demasiado específicas, es posible que no llegue a tantos usuarios como desea.

  Ejemplo

  Siguiendo con el ejemplo del hotel rural, puede elegir palabras clave específicas como «hotel rural con *spa*», uno de los servicios complementarios que ofrece. De esta forma, por ejemplo, su anuncio podrá aparecer cuando alguien busque este tipo de servicios o cuando visite un sitio web sobre viajes y bienestar.

- Seleccionar palabras clave generales para llegar a más usuarios.

  Seleccione palabras clave más generales si prefiere llegar a tantas personas como sea posible. Recuerde que puede resultarle difícil llegar a clientes potenciales al añadir palabras clave muy generales debido a que el anuncio podría aparecer en búsquedas no siempre relacionadas con su negocio. Además, las palabras clave más generales también pueden ser más competitivas y requerir importes de puja mayores.

  Ejemplo

  En nuestro ejemplo, puede que le interese elegir una palabra clave general como «hoteles». De esa forma, por ejemplo, su anuncio podría aparecer cuando un usuario busque una amplia variedad de alojamiento o visite sitios web sobre viajes.

- Elegir la cantidad adecuada de palabras clave.

Recomendamos entre cinco y veinte palabras clave, aunque es posible incluir más de veinte palabras clave si lo desea.

Las palabras clave coincidirán automáticamente con variaciones de estas que incluyan, por ejemplo, errores ortográficos o terminaciones de plural. Por lo tanto, no es necesario que añada variaciones de este tipo.

Ejemplo

Si el grupo de anuncios contiene la palabra clave de concordancia amplia «hoteles rurales», podrá aparecer un anuncio cuando alguien busque esa palabra clave o una variación de esta, como «hoteles rurales con encanto» o «alojamientos rurales».

4.3.3.3. Construcción de una red de enlaces

Como hemos visto, la autoridad de una web depende directamente del número de páginas que la enlazan. Es por ello que gran parte del trabajo SEO, además de optimizar la web y su contenido, sea la generación de *links* con el propósito de aumentar la autoridad de la web y mejorar su posicionamiento. Esta práctica es conocida como *link building*.

> **Link building**
> Es uno de los fundamentos del posicionamiento web o SEO que busca aumentar la autoridad de una página el máximo posible mediante la generación de *links* hacia la misma.

Para conseguir mayor visibilidad de cara a los buscadores, es conveniente analizar los sitios webs de referencia acordes a la temática de nuestro sitio web. Por ejemplo, una buena práctica para nuestro negocio sería el establecimiento de enlaces a través de sitios web como toprural.com, minube.com o tripadvisor.com. De este modo, podemos conseguir que nuestro sitio web esté priorizado por los buscadores y obtenga una mejor popularidad y relevancia, lo que implica, necesariamente, un mejor posicionamiento en la lista de resultados de los buscadores.

En esta línea podemos:

- Dar de alta nuestro sitio web en *brokers* turísticos. Los *brókeres* turísticos pueden mejorar el posicionamiento de nuestro sitio web, pero, además, pueden colaborar en la generación de ventas y negocio.

- Incluir nuestro sitio en directorios clasificados como por ejemplo paginasamarillas.es

- Crear perfiles en medios sociales como Facebook o Twitter.

- Hermanarse o intercambiar enlaces con otras webs de alojamiento.

- Dar de alta nuestro sitio web en webs de turismo oficiales.

- Darse de alta en los principales buscadores de alojamientos de sector turístico u hotelero. Suele ser gratuito, sin embargo, existen diferentes técnicas y elementos que debemos tener en cuenta si queremos que nuestra presencia en estos portales reporte un beneficio de posicionamiento o negocio. La mayoría de estos portales establecen un *ranking* de popularidad basado en las opiniones de los usuarios, además, tienen un algoritmo interno para presentar los resultados de las búsquedas de los usuarios por lo que acciones como rellenar los campos que nos pide el portal, incluir fotografías, bajar el precio o conseguir reseñas u opiniones puede ayudar a posicionar nuestro alojamiento en las primeras posiciones del *ranking* de estos portales.

No cabe duda de que el portal de turismo por excelencia es TripAdvisor, sin embargo es importante conocer otros portales para vender paquetes turísticos ya que nos ayudará a aumentar nuestros canales de venta *online*.

Por ejemplo, si eres una empresa o autónomo que vende excursiones o actividades turísticas en tu región o ciudad, es esencial darte a conocer en todos los medios *online* posibles, ya que las ventajas son múltiples.

- Puedes llegar a más público objetivo.

- Aumentas tus posibilidades de venta.

- Mejoras tu imagen de marca y ganas visibilidad.

- Mejora tu posicionamiento en Google, en caso de que puedas incluir un enlace externo a tu propia página web.

A continuación, se detallan algunos de los más usuales, aunque dependiendo del subsector y el país origen del público objetivo, habrá otros similares.

Portal	Descripción
Páginas web de cada comunidad autónoma, región o ciudad	La mayoría de ellos ofrecen la posibilidad de anunciar tu actividad. Por ejemplo, si tu zona de actuación es Málaga: www.andalucia.org, malagaturismo.com, costadelsoloccidental.org
TripAdvisor	Permite añadir un botón para que el usuario pueda reservar nuestro paquete turístico directamente desde TripAdvisor.

Portal	Descripción
Minube.com	Minube es una red social totalmente especializada en viajes. Se puede hacer de forma gratuita.
Viator.com	Portal por excelencia de reservas de paquetes turísticos y actualmente integrados con TripAdvisor. Trabajan a través de comisión, pero a cambio se puede llegar a mucho más público.
Yelp.es	Utilizado por los americanos para hacer planes cuando viajan, tanto para comer como para conocer qué actividades o eventos pueden disfrutar.
Otros portales comerciales	Hoy en día hay muchos operadores y agencias de viajes *online* a través de los cuales puedes vender tus paquetes turísticos a cambio de una comisión. Algunos de los más conocidos son: holidaycheck.com, visitacity.com, spain-holiday.com, city-discovery.com

Figura 4.4. Portales para vender paquetes turísticos. Alojamientos conectados (s.F.).

Es importante pedir al cliente que, después de cada excursión o actividad, realice una valoración en TripAdvisor o MiNube. Cuantas más valoraciones positivas se tengan, son mayores las probabilidades de seguir incrementando la cifra de negocios.

Ejemplo de aplicación

Cada vez un mayor número de empresas, organización y destinos turísticos celebran eventos para blogueros. Desarrollan jornadas de interés a las que les invitan y ellos son los protagonistas.

Si les sorprendes y emocionas, seguro que escriben sobre la jornada, y te enlazan.

4.3.4. Gestión de la web

Es indispensable que nuestro sitio web sea visible y que refresquemos los contenidos para mantener y mejorar el posicionamiento.

La persona encargada de esta tarea es el denominado dinamizador web o *community manager*, cuyas funciones son:

- Creación de contenidos propios y de calidad para mejorar el posicionamiento.

- Crear y dinamizar post en foros de debate que enlacen a nuestro sitio.

- Crear grupos y comunidades y ayudar a debatir en los mismos.

- Proporcionar documentación y vídeos que puedan ser útiles o de interés a los usuarios.

- Crear y difundir eventos tanto *online* como *offline* para atraer la participación de los usuarios.

- Crear encuestas que proporcionen *feedback* sobre los productos o servicios del negocio.

- Monitorizar la comunidad para descubrir los contenidos que más interesan a la comunidad de usuario.

- Promocionar los contenidos para que su alcance y difusión sea mayor.

- Captar y atraer nuevos usuarios a la comunidad.

- Gestionar y mantener perfiles en medios sociales de acuerdo a la estrategia de comunicación *online* establecida por la empresa.

4.4. Marketing y comercio electrónico en el ámbito turístico

4.4.1. El marketing digital

Sin ninguna duda Internet se puede considerar un elemento clave en el desarrollo y la historia reciente del ser humano. La evolución que ha experimentado en los últimos años ha superado cualquier previsión.

Desde su nacimiento, se podría decir que Internet ha pasado ya por varias fases. De hecho, su incorporación en los nuevos dispositivos (*smartphones*, tabletas, etc.) posiblemente esté abriendo las puertas de un nuevo salto evolutivo en su corta pero intensa historia.

4.4.2. La web unidireccional

La primera etapa de la web, también denominada web 1.0, viene representada por las tradicionales páginas a las que simplemente accedíamos para obtener información, en las que lo único que podíamos hacer era leer lo que el administrador/autor de la página había puesto.

Lo que capacitaba a una persona para poder publicar no era tanto el poseer conocimientos sobre el tema que se quería transmitir, sino el dominio de la tecnología que posibilitaba subir los contenidos a Internet.

4.4.3. La web bidireccional

La web 2.0 es puramente social. Se basa en usuarios activos. El auge de los blogs, medios sociales, wikis, *tags* o etiquetas, webs creadas por usuarios, etc., hace que las empresas cambien su visión de mercado y estrategias de marketing completamente y las enfoquen a la interactuación con sus consumidores, que pasan a ser clientes 2.0.

El sector turístico ha sido, sin duda, uno de los más afectados desde que la web 2.0 e internet revolucionaron la forma de entender la estrategia *online*. Esta transformación ha supuesto la desaparición de numerosos agentes y el nacimiento de otros, en muchas ocasiones procedentes del mundo tecnológico. Supuso la aparición de los medios sociales.

Con la aparición de la web 2.0 surgió también el denominado turismo 2.0, concebido como la evolución del turismo hacia un modelo de negocio basado en internet que propicia la participación y la colaboración entre los usuarios. Un turismo en donde los usuarios son a la vez agentes de viajes, clientes y prescriptores.

Con el turismo 2.0 llegó también el turista 2.0. Un turista o cliente cada vez más exigente, que se fía más de las recomendaciones y de las experiencias de otros turistas, por lo que tiende a informarse con mucho detalle, sobre todo en foros y medios sociales. Prescinde de lo que no le aporta valor y busca experiencias concretas, únicas e inolvidables, por las cuales sí que está dispuesto a pagar, incluso un poco más. Viajará más o menos, pero buscará mucho más, se informará mucho mejor y será más crítico y/o agradecido con el viaje en función del resultado obtenido.

4.4.4. La web semántica

La web 3.0 es la web semántica, la web de la nube, la web de las aplicaciones y la web multidispositivo. La web 3.0 se presenta como una web inteligente, que aprovecha la nube para prestar servicios al usuario y eliminar su necesidad de disponer de sistemas operativos complejos y grandes discos duros para almacenar su información.

La web 3.0 está, también, muy asociada al concepto de personalización. La información y publicidad se adapta cada día más a nuestras preferencias para evitar que tengamos que leer o visualizar contenidos irrelevantes y de poco valor añadido para nosotros. Para ello, los motores de búsqueda se avalan de la actividad que nosotros realizamos en la red y que queda registrada a través de las *cookies*.

4.4.5. El plan de marketing digital

El plan de marketing *online* o digital es una de las herramientas más importantes para cualquier empresa que quiera tener presencia en Internet, pues nos ayudará a fijar diferentes actuaciones para llevar a cabo los objetivos previamente establecidos.

Para que nuestro plan de marketing digital tenga éxito, debemos partir de varias ideas:

- El plan de marketing digital no es un plan aislado del resto de estrategias de marketing, sino que debe integrarse con el plan de marketing *offline*. Ambos deben formar parte de la estrategia de marketing de la empresa.

- El plan de marketing se centra exclusivamente en el entorno virtual. En este punto, hay que tener en cuenta que este mundo virtual va más allá de nuestra página web e incluye un conjunto de elementos en los que podemos actuar.

Teniendo estas dos premisas en cuenta, el plan de marketing digital, se desarrolla siguiendo las mismas fases que un plan de marketing *offline*. A continuación, detallamos las acciones específicas del entorno digital:

4.4.5.1. Análisis de la situación

Además del análisis que llevaríamos a cabo en un Plan de marketing *offline*, si queremos desarrollar una estrategia de marketing digital, el estudio interno también tendrá que incluir un análisis sobre cuál es la situación de nuestra empresa en el plano digital. Esto es, debemos dar respuesta a las preguntas sobre si nuestra web está orientada al cliente, sobre la usabilidad, accesibilidad y experiencia de navegación, tendremos que conocer si nuestro blog se actualiza periódicamente, cuál es el posicionamiento actual de nuestra web, o cuál es nuestra presencia en medios sociales.

Imprescindible en esta fase es conocer las tendencias por las que se mueven los mercados en los que pretendemos operar, para lo que conviene hacer estudios o documentarse en lo que ya se haya publicado.

Por último, conocer el *target* al que se dirige la empresa es imprescindible. De los seguidores que tenemos en los medios sociales habrá que delimitar cuántos son seguidores reales, es decir, están interesados en nuestros productos o servicios. Es importante conocer sus demandas, para ello, habrá que analizar cómo se comportan, lo que les gusta, el tipo de contenidos que comparten en sus redes sociales o en que medios son más activos.

4.4.5.2. Establecimiento de objetivos

Cuando nos referimos al plan de marketing *online*, los objetivos pueden agruparse en cuatro categorías:

- Captación: cualquier estrategia digital tiene como objetivo la obtención de tráfico, para informar o persuadir con actividades orientadas a que el público acceda a las comunicaciones que deseamos compartir.

- Activación: en este caso, el objetivo es obtener una respuesta por parte de nuestro público. Bien sea generación de registros, descarga de catálogos, invitar a un amigo, compartir información, etc.

- Conversión: este objetivo cuantifica el número de acciones que se convierten en reservas, ventas, registros, descargas, visitas, etc.

- Fidelización: las actividades de los medios sociales aportan gran valor para este objetivo, ya que apoyan en la difusión del boca a oreja y fomentan la recomendación de nuestro producto o servicio.

4.4.5.3. Estrategias

Las estrategias de marketing digital más empleadas por las empresas, organizaciones y destinos turísticos son las siguientes:

- Página web: disponer de una web es vital para darnos a conocer, es el escaparate de nuestra empresa. Nuestro sitio web debería ser *responsive*, comunicar los valores de la marca, disponer de contenido actualizado regularmente y ofrecer una buena experiencia de cliente. Es muy interesante incluir un boletín de noticias o una *newsletter* al que los visitantes puedan suscribirse cuando entren en la página. Cada vez es mayor la utilización de *smartphones* o tabletas para navegar por Internet, especialmente en la etapa del viaje. Por eso es esencial que la página web esté adaptada para que se vea también correctamente en un móvil o tableta, y no solo en un ordenador.

- Marketing de contenidos: una forma de captar la atención de los clientes es generando contenido relacionado con el producto o servicio de nuestra empresa. Podemos hacerlo a través de juegos, imágenes, vídeos, concursos o blogs. El objetivo es captar su atención.

- Marketing por correo electrónico: es una de las maneras más eficaces para dar a conocer nuestros productos o servicios. Nos permite dirigir tráfico a los sitios web que queramos, educar a nuestros clientes a través de nuevos contenidos y productos, recordarles que estamos aquí, etc.

  Permite llegar a los clientes de forma directa, es simple, barato y su uso sigue estando muy extendido. Además, permite personalizar las ofertas y los mensajes lanzados. Hoy en día, el volumen de correos electrónicos que se reciben exige creatividad por parte de las empresas. La redacción del asunto debe ser atractivo y seductor para conseguir que quien lo recibe abra el mensaje.

- Marketing en medios sociales. Aunque nuestro producto o servicio no se comercialice directamente por internet, es interesante que la empresa tenga perfiles en alguno de los medios sociales más utilizados por nuestro público objetivo. La gran ventaja de tener presencia en los medios es que no cuesta nada.

Tan importante como hacer una buena selección de los medios sociales en los que vamos a tener presencia, es generar contenidos con frecuencia sobre nuestros productos o servicios.

Interactuar con los seguidores, incluir contenido visual y contestar siempre sus preguntas, consultas o comentarios. Y publicar ofertas, promociones o concursos exclusivos para nuestros seguidores así conseguiremos que se sientan especiales.

- Narrativa visual para atraer clientes. Consiste en utilizar vídeos o fotos para llegar al público objetivo que desee.
- Marketing móvil: las acciones de marketing a través de este dispositivo son, básicamente de dos tipos: bien a través de SMS o mensajes de WhatsApp, bien desarrollando aplicaciones móviles (*app*).

4.4.5.4. Control

Los KPI (indicadores clave de rendimiento) nos van a permitir analizar el progreso de nuestras acciones y el grado de cumplimiento de nuestros objetivos: si están dando el fruto esperado o si, por el contrario, no funcionan como esperábamos. Como ya señalábamos en unidades anteriores, es fundamental poder medir el efecto de cada acción.

4.4.6. Comercio electrónico

Comercio electrónico
Hace referencia al conjunto de transacciones de productos o servicios que tienen lugar, total o parcialmente, a través de medios electrónicos.

Todos los estudios apuntan a que los productos que siguen liderando el negocio *online* son los más maduros, relacionados con actividades turísticas, como la adquisición de billetes de transporte y reservas de alojamiento. La compra de entradas para espectáculos a través de internet es una de las actividades que mayor crecimiento está experimentando.

4.4.6.1. Tipos de comercio electrónico

Definimos modelo de negocio, o modelo empresarial, como aquel que describe las bases sobre las que una empresa crea, proporciona y capta valor. Los modelos de negocio surgen de las distintas combinaciones de dos figuras de entre las siguientes: A (*Administration*); B (*Business*) y C (*Consumer*). El resultado podemos verlo en la siguiente tabla.

	Administración	Empresa	Consumidor
Administración	A2A	A2B	A2C
Empresa	B2A	B2B	B2C
Consumidor	C2A	C2B	C2C

Figura 4.5. Modelos de negocio en el *e-commerce*. Fuente: Martínez-López y Maraver (2009), en Molinillo, S. (2014).

De todos ellos, los más utilizados son los siguientes:

Comercio electrónico B2B

B2B es la abreviación de *business to business* (empresa a empresa).

La transacción comercial se realiza entre empresas que operan en internet. Existen tres modalidades:

Comercio electrónico B2C

B2C es la abreviatura de *business* to *consumer* (empresa a consumidor).

Se lleva a cabo entre una empresa en internet, y una persona interesada en comprar un producto o adquirir un servicio.

Comercio electrónico C2C

C2C es la abreviatura de *consumer to consumer* (consumidor a consumidor).

El consumidor final adquiere al consumidor primario los productos que ya no quiere o necesita y a los que les podrá dar una nueva utilidad a precios muy accesibles.

Comercio electrónico A2C

Se refiere a la posibilidad de llevar a cabo los trámites con la administración a través de internet.

En el sector turístico, el modelo de negocio más utilizado por las empresas proveedores e intermediarias, es el B2C. Esta tendencia se ha mantenido en el tiempo, tanto por las empresas que adaptan su negocio a Internet, como por los nuevos agentes digitales.

Las empresas con modelos B2B siguen siendo una minoría, principalmente, turoperadores y GDS. En la actualidad, debido al auge del *e-commerce* y la derogación en 2010 del Decreto Nacional, que no permitía a los turoperadores vender directamente al cliente final, estas empresas están valorando la viabilidad de cambiar su modelo de negocio del B2B al B2C, como ya ha ocurrido en otros países europeos y norteamericanos.

Recientemente, han aparecido nuevos agentes cuyo modelo de negocio es el C2C. Se basan en la economía colaborativa. Son aquellos modelos en los que una plataforma digital actúa como intermediaria, facilitando la utilización, el intercambio o la inversión de bienes o recursos, con o sin contraprestación económica.

Modelo	Definición	Ejemplo
B2B *Business to Business*	Transacciones comerciales entre empresas	Intranet de las empresas
B2C *Business to Consumer*	Transacciones comerciales entre empresa y consumidor	Páginas web de proveedores Páginas web de agencias de viajes OTA
C2C *Consumer to Consumer*	Transacciones comerciales entre consumidores	Plataformas digitales

Figura 4.6. Modelos de negocio de comercio electrónico en turismo
(Fernández-Villarán, *et al.*, 2017).

MAPA CONCEPTUAL

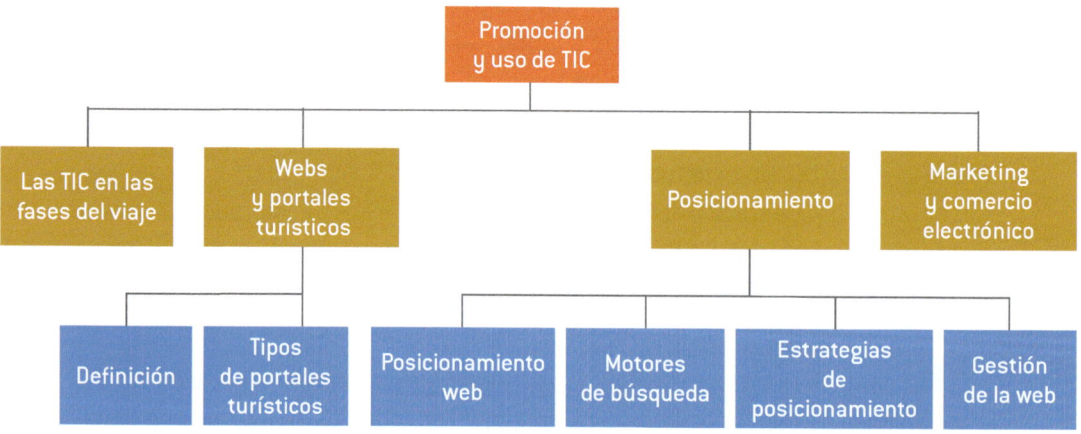

RESUMEN DE CONTENIDOS

La web 1.0 era unidireccional. En la web 2.0, con el avance de la tecnología (ancho de banda y dispositivos) los usuarios son capaces ya no solo de consumir, sino también de compartir y crear contenidos. Con la web 3.0, los buscadores se adaptan a las necesidades de los internautas y se convierten en semánticos para facilitar todas las respuestas de búsqueda a sus usuarios.

El marketing digital está centrado en el cliente. Por ello, es necesario tener una visión integral del cliente, personalizar productos o servicios y anticiparse a sus necesidades, crear una reputación y generar confianza. Esto se consigue mediante la gestión integral de las relaciones con los clientes, el seguimiento personalizado de cada cliente, el registro de los datos captados al contactar con cada cliente, las infraestructuras disponibles, el personal, los planes de formación, los incentivos, etc.

Atraer clientes y aumentar las ventas es sencillo, y no tiene apenas coste, combinando varias estrategias de marketing digital. El *email* marketing es una de las maneras más eficaces para dar a conocer nuestros productos o servicios. Disponer de una web o blog es vital para darnos a conocer, es el escaparate de nuestra empresa. Con una información adecuada, actualizada, necesaria, diferente y que ofrezca experiencias satisfactorias a nuestros usuarios conseguiremos que sigan visitando nuestro sitio web. Los medios sociales son una de las formas más utilizadas para dar a conocer las empresas y sus productos o servicios. Cabe remarcar que los consumidores también utilizan estos canales para expresar sus opiniones y conversar con las marcas. Por ello, las marcas también deben utilizar los medios sociales como un canal de escucha activa y atención al cliente. Y, por supuesto, debemos considerar que la mayoría de los usuarios acceden a internet a través de sus *smartphones* y tabletas por lo que debemos tener una estrategia de marketing dirigida a estos dispositivos que sea diferenciada.

Por último, tenemos que conocer en todo momento qué está funcionando y qué no, para cambiar y optimizar nuestras acciones en tiempo real. Por ello, hay que monitorizar y analizar en todo momento nuestras acciones.

De las diferentes modalidades de comercio electrónico existentes hasta el momento las empresas turísticas han tendido a recurrir en mayor medida al B2C (de empresa a consumidor) y el B2B (de empresa a empresa). Últimamente, ha surgido con fuerza el C2C, con el desarrollo y auge de las plataformas virtuales.

GLOSARIO

Comercio electrónico. Hace referencia al conjunto de transacciones de productos o servicios que tienen lugar, total o parcialmente, a través de medios electrónicos.

Página web. Es una fuente de información adaptada para la *World Wide Web* (www) y accesible mediante un navegador de internet.

Portal. Es el punto de entrada a Internet donde se organizan y concentran los contenidos del propietario de este.

Posicionamiento web. Es el conjunto de técnicas y prácticas orientadas a mejorar la visibilidad de un sitio web en Internet y su posición en la lista de resultados de los buscadores de contenidos más utilizados por los usuarios.

Sitio web. Es un conjunto de páginas web a las que se accede a través de una URL raíz común a todas ellas y que se denomina portada.

AUTOEVALUACIÓN

1. El plan de marketing digital:

    a) No permite medir los impactos de las acciones.

    b) Es más efectivo que el plan de marketing *offline*.

    c) Debe estar integrado en el plan de marketing general de la empresa.

    d) Ninguna de las respuestas anteriores es correcta.

2. El posicionamiento de la página web es importante porque un alto porcentaje de usuarios solo abre los resultados de búsqueda de la primera página.

a) Verdadero.

b) Falso.

3. Una buena definición de las palabras clave es suficiente para garantizar el mejor posicionamiento en buscadores.

a) Verdadero.

b) Falso.

4. Dado el avance del uso de los dispositivos móviles, *smartphones* y tabletas, el *email* marketing ha perdido importancia en favor de otro tipo de estrategias.

a) Verdadero.

b) Falso.

5. Indica el concepto que se está definiendo en cada frase:

_____ Términos introducidos por el usuario en un motor de búsqueda gracias a las cuales se le devuelve una lista de sitios web relacionada con dichas palabras.

_____ Proceso de mejorar el resultado de un sitio web en diferentes buscadores de manera natural.

_____ Número de visitantes o visitas que recibe un sitio web.

_____ Estrategia que desarrollan las empresas para llegar directamente al cliente final.

REFERENCIAS

Alcazar, B. *Los canales de distribución en el sector turístico*. Madrid. ESIC. 2002.

Alojamientos conectados (s.f.): *Manual de posicionamiento Web para hoteles y alojamientos rurales*.

Alonso González, C. M. «La estrategia creativa en la publicidad turística. El caso de Castilla y León». *Revista Latina de Comunicación Social*, Nº 63, 2008, pp. 43-62.

Aparicio, G. y Zorrilla, P. *Distribución comercial en la era omnicanal*. Madrid. Pirámide. 2015.

Asensi, A. «Contratación *online* de servicios turísticos y paquetes dinámicos de turismo», *Investigaciones Turísticas*, (12), 2016. Pp. 163-182. http://dx.doi.org/10.14198/INTURI2016.12.08

Booking.com. *Así le gusta viajar a la generación Z*. 2016. https://news.booking.com/

Bigné, E. Font, X. y Andreu, L. *Marketing de destinos turísticos: análisis y estrategias de desarrollo*. Madrid. ESIC. 2000.

Boswijk, A., Thijssen, T. y Peelen, E. *The experience economy. A new perspective*. Pearson Education. 2007.

Butler, R. W. «Seasonality in Tourism: Issues and Problems». En: Seaton, AA. VV. (Ed.). *Tourism: the State of the Art*. 1994. pp. 332-339.

Cantero, J. *Marketing experiencial*. 2013. https://josecantero.com

Eiglier, P. y Langeard, E. *Servucción. El marketing de servicios*. Madrid. Mac-Graw Hill. 1993.

Emmanuel, E. «Gestión de marketing de la empresa detallista. Decisiones sobre comunicación». En Aparicio, G. y Zorrilla, P. *Distribución comercial en la era omnicanal*. Madrid. Pirámide. 2015. pp.187-244.

Fareed, J. y Gibson, A. *The evolution of Hotel Marketing. 2015.* Blog http://naked-hospitality.com/opinions/the-evolution-of-hotel-marketing/

Fernández-Villarán, M. A.; Rodríguez Zulaica, A. y Pastor, R. «Evolución de la intermediación turística en España tras la aparición de las TIC en el sector». *Humanismo y empresa*, 2017 (en prensa).

Google. *The 2013 traveler*. 2013. https://www.thinkwithgoogle.com/research-studies/2013-traveler.html

Hamso, E. y Dzeick, I. *The event ROI Methodology*. Sandnes (Noruega): European Event ROI Institute. 2016. Recuperado el 6 de abril de 2017 de http://www.eventroi.org/

Instituto de Turismo de España. *Estudio demoscópico 2013: Segmentación del turismo internacional*. 2013. www.tourspain.org

Instituto de Turismo de España. *Plan Estratégico de Marketing 2014 – 2015*. 2014. www.tourspain.org

Jamarillo, E. *Qué es la comunicación* online *y cómo trabajarla. 2015.* http://www.expertosnegociosonline.com/que-es-la-comunicacion-online-y-como-trabajarla/

Kotler, P. *Marketing para turismo*. Madrid. Prentice Hall. 5ª edición. 2012.

Llantada, J. «Storytelling 2.0». *Fiturtech2010.* 2010.

Masterman, G. y Wood, E. «Event Marketing: Measuring an experience». Venice: *7th International Marketing Trends Congress*. 2008.

Merino, W. «Elementos de un portal cultural». *Creación de contenidos culturales en la web*. Edad de Plata. Área educativa. 2001.

Molinillo Jiménez, S. *Distribución comercial aplicada*. Madrid. ESIC. 2014.

Otto, J.E. y Ritchie, J. R. B. «The service experience in tourism», *Tourism Management,* 1996. Nº 17 (3): pp. 16574.

Peñarroya, M. *Patrocinio, mecenazgo y esponsorización, en internet.* 2012. http://www.comunicatur.info/es/el-patrocini-el-mecenatge-i-lesponsoritzacio-a-internet-2/

Pérez, J. M. «Directiva de servicios y turismo: el nuevo régimen de acceso y prestación de los servicios turísticos y su contribución al incremento de la calidad turística». *Revista de Derecho de la Unión Europea*. Madrid, Nº24. Enero-junio 2013. pp. 257-318.

Porter, M. *Estrategia Competitiva. Técnicas para el análisis de la empresa y sus competidores*. Madrid Ediciones Pirámide. 2009.

Pine, B. J. II y Gilmore, J. H. *The Experience Economy: Work is Theatre & Every Business a Stage*. Boston. Harvard Business School Press. 1998.

Red.es: *Manual de Posicionamiento Web para hoteles y alojamientos rurales*. Alojamientos conectados.

Ries, A. y Trout, J, *Posicionamiento*. Madrid. McGraw-Hill. 1990.

Ries, A, y Trout, J. *Las 22 leyes inmutables del marketing*. Madrid. McGraw-Hill. 1993.

Rodríguez-Zulaica, A.*¿Cómo diseñar una experiencia turística?* Barcelona. UOC Editorial. H2PAC. 2016.

Romero, A. «El silencio como elemento diferencial de la experiencia turística». *Hosteltur*. 2016.

Sanagustín. *Marketing 2.0 en una semana*. Barcelona. Grupo Planeta. 2010.

Sánchez, A. Cómo realizar un mapa de público objetivo. http://adriansanchez.es/wp-content/uploads/2015/07/C%C3%B3mo-realizar-un-Mapa-de-P%C3%BAblico-Objetivo.pdf. 2015.

Secretaría de Estado de Turismo. *Turismo 2020: Bases para el desarrollo del Programa de Desestacionalización y Reequilibrio Socio-territorial*. 2008.

Serra, A. *Marketing turístico*. Madrid. Pirámide. 2005.

Schmitt, B. *Experiential marketing: How to get customers to sense, feel, think, act and relate to your company and brands*. Nueva York. The Free Press. 1999.

Schmitt, B. «Experiential Marketing». *Journal of Marketing Management* 15 (1-3). 1999. pp 53–67.

Schmitt, B. *Customer Experience Management: A Revolutionary Approach to Connecting with Your Customers*. Nueva Jersey. John Wiley & Sons, Inc. 2003.

Schmitt, B. *Experience Marketing: Concepts, Frameworks and Consumer Insights, Foundations and Trends® in Marketing*. 2010. 5(2): pp. 55–112.

Simón Simón, P. «El retorno de la inversión (ROI) en los eventos, herramienta imprescindible para la evaluación del éxito» *Compé, Revista Científica de Comunicación, Protocolo y Eventos*. Madrid. Ediciones Protocolo. 2014. Nº 3. pp. 13-25.

Torrents, R. Eventos de empresa. El poder de la comunicación en vivo. Barcelona. Deusto. 2005. pp. 187-188.

Witt, S. F. y Witt, C. A. «Tourism forecasting: error magnitude, direction of change error and trend change error», *Journal of Travel Research*, 1991. 30(2): pp. 26-33.

Wrobel, G. *El plan de comunicación: los 3 mecanismos de control*. 2015. Wrobelsmartcomm.com